J.-J. ROUSSEAU

ET

SES OEUVRES

BIOGRAPHIE ET FRAGMENTS

—

PUBLIÉ

PAR LE COMITÉ DU CENTENAIRE

(2 Juillet 1878)

GENÈVE

IMPRIMERIE J.-G^me FICK

1878

AVANT-PROPOS

Tout le monde, chez nous, parle de J.-J. Rousseau ; mais chacun n'a peut-être pas une idée également précise de la carrière de cet homme exceptionnel, ni même des rapports qu'il a entretenus avec sa patrie ; chacun non plus n'a pas eu l'occasion de faire la connaissance directe de cet auteur célèbre.

Le Comité central du Centenaire a donc pensé qu'il était utile de mettre entre les mains de tous quelques documents littéraires, agréables d'ailleurs à conserver.

C'est dans ce but que notre Commission a groupé les éléments du présent volume, savoir : une biographie suffisamment détaillée de Jean-Jacques, suivie d'une notice sur Rousseau envisagé comme patriote genevois, enfin et surtout un choix des plus belles pages du grand écrivain, empruntées à ses ouvrages de toutes les époques et disposées dans l'ordre chronologique.

Les deux morceaux d'introduction sont signés par leurs auteurs. L'Anthologie de Rousseau, due à la collaboration de plusieurs d'entre nous, est une œuvre impersonnelle. On trouvera sans doute cette collection imparfaite et un peu courte. Mais, pressés par le temps, il nous a fallu en quelque sorte l'improviser ; limités pour l'espace, nous avons été contraints à de nombreux sacrifices. Nous faisons donc appel à l'indulgence du lecteur. Quant aux fragments admis par nous, il est à peine besoin de dire que le choix en a été fait de manière à ce que ce petit livre puisse entrer dans toutes les bibliothèques populaires et rester sur toutes les tables.

Ce recueil a un frère jumeau (Jean-Jacques et le Pays romand), présenté au public par la Section de littérature de l'Institut genevois. Ces deux volumes, de format pareil, qui se complètent intentionnellement l'un l'autre, réunissent des renseignements et des textes que nos concitoyens aimeront sans doute à relire, pour se préparer comme il convient à la fête commémorative que Genève se dispose à célébrer.

La Commission des Publications.

NOTICE

sur

JEAN-JACQUES ROUSSEAU

Parmi les promoteurs de l'évolution qui, de nos jours, entraîne les nations modernes vers la démocratie, aucun n'a exercé une action aussi puissante que Rousseau. Son nom, associé à celui de Voltaire, résume le XVIIIᵉ siècle et les deux sont étroitement unis à celui de Genève. Au XVIᵉ siècle, Genève avait été une ville religieuse, le refuge des idées que la France repoussait ; au XVIIIᵉ siècle, elle est devenue un foyer d'agitation démocratique, une tribune, où se discutent et s'élaborent les nouvelles théories politiques. La démocratie genevoise eut alors la rare fortune de donner naissance à un génie entraînant et passionné, d'une éloquence prestigieuse, destiné à exercer sur l'Europe, et surtout sur la France, une influence immense. Rousseau fut le précurseur de la révolution française ; personne ne contribua autant que lui à engager la société nouvelle dans la voie de la démocratie et de l'égalité. Le *Contrat social* enfanta le suffrage universel : ainsi s'expliquent les orages que son nom a le privilége de soulever. Jamais penseur n'a été l'objet d'admirations plus extrêmes et d'animosités plus invétérées.

Rousseau passa la grande partie de sa vie loin de sa patrie, mais la cité genevoise lui avait imprimé un pli ineffaçable ; on le retrouve dans ses théories sur l'État et l'Eglise, et la connaissance des conditions civiles et politiques de Genève est nécessaire pour les bien saisir. Les entretiens de son père, les souvenirs du Conseil Général, l'ardeur avec laquelle il avait entendu soutenir les droits souverains du peuple, avaient pénétré sa jeune intelligence. Plus tard, ces souvenirs mêlés aux réminiscences de Rome et de Sparte, lui composèrent un patriotisme en partie chimérique, mais contagieux, et destiné à remuer l'Europe. Dans sa vie errante, il resta toujours Genevois par les habitudes frugales et laborieuses, par les souvenirs, par les sympathies ; il correspondait avec les meilleurs citoyens. La vieille cité républicaine, libre et fière, sévère et contenue, ardente sur ses droits, et telle que son rigorisme la rêvait, avec le lac et la ceinture des Alpes, lui parut toujours la patrie la plus désirable.

Rousseau naquit le 28 juin 1712. Sa famille n'avait qu'une position modeste, mais elle était en possession de tous les droits politiques ; elle descendait de Didier Rousseau, un libraire de Paris, amené à Genève par les persécutions et reçu bourgeois en 1555. En ve-

nant au monde, Jean-Jacques coûta la vie à sa mère
et ce malheur ne fut pas le moindre de ceux qui
flagellèrent son existence ballottée. Son père, tour à
tour horloger et maître à danser, paraît avoir été de
mœurs légères et peu soucieux de ses devoirs domestiques ; il avait de l'imagination et de la sensibilité :
c'était un homme léger et brillant, mobile, aisément
ému. Sa plus forte passion était pour les libertés de
Genève.

Il confia l'enfant à une de ses sœurs, une respectable
demoiselle, douce, casanière, timide, qui le choya,
le dorlota et l'éleva en fille. Le petit Jean-Jacques
raffolait de sa tante et n'aimait rien tant que d'être
assis ou debout auprès d'elle, à la voir broder,
à l'entendre chanter ; elle avait un filet de voix fort
doux et savait un nombre prodigieux d'airs et de
chansonnettes. Au lieu de l'envoyer à l'école se frot-
ter aux enfants de son âge, on le gardait à la maison
inoccupé et rêveur ; le soir, l'enfant lisait des romans
à son père, et cela souvent jusqu'à la nuit avancée ;
ces lectures imprimèrent à son imagination et à sa
sensibilité une précocité dangereuse ; il vécut d'abord
par les sentiments et les passions et en reçut sur le
train des choses de ce monde de premières notions
bizarres dont l'expérience ne le guérit jamais bien.
La bibliothèque de la famille renfermait aussi des
livres plus sérieux, des poètes, des historiens, Ovide,
Fontenelle, Molière, etc. ; l'enfant les lut successivement à son père. Plutarque l'enthousiasma ; au récit

de la vie des grands hommes de l'antiquité, il se croyait Grec et Romain, il devenait le personnage dont il lisait la vie ; aux traits de courage et d'intrépidité, il avait les yeux étincelants et la voix forte ; un jour, qu'à table, il racontait l'histoire de Scevola, il porta la main sur un réchaud pour représenter son action.

A la suite d'une contestation avec un membre des Deux Cents, son père quitta Genève et s'établit à Nyon, au Pays de Vaud, où il se remaria. Jean-Jacques fut placé, avec un de ses cousins, en pension dans le village de Bossey, au pied du Salève, chez le pasteur Lambercier ; et celui-ci le mit au latin. Ce séjour en pleine campagne laissa une empreinte heureuse dans l'âme poétique et contemplative de l'enfant, et éveilla en lui le sentiment de la nature et le goût de l'agreste ; mais l'idylle fut courte et se termina par un violent orage. L'oncle de Jean-Jacques, lequel était son tuteur, le retira de Bossey au bout de deux ans, et en attendant qu'on résolût ce qu'on ferait de lui et s'il serait horloger ou procureur, il le garda à la maison ; ainsi Jean-Jacques n'alla jamais au collége. Les deux cousins étaient devenus intimes et se suffisaient l'un à l'autre ; Jean-Jacques avait plus d'initiative et aimait à s'occuper des mains ; il confectionnait des cages, des flûtes, des arbalètes, des cerfs-volants ; il s'essayait à graver avec les outils de son grand-père ; d'autres fois, il barbouillait force papier de ses dessins et de ses enluminures. Un jour,

son oncle ayant lu un sermon de sa façon, il se mit
à en composer. Les polissons du voisinage aimaient
à malmener son cousin, garçon fluet et débile ; Jean-
Jacques s'irritait, se lançait sur les agresseurs, faisait
rage, au grand divertissement de ces petits drôles
qui bafouaient le petit paladin et le redresseur de
torts.

Jean-Jacques faisait de temps à autre des visites
à son père à Nyon, et ces courses étaient des occasions de plaisir ; auprès des jolies filles de Nyon, il
passait pour un garçon point mal tourné et une grande
demoiselle le prit quelque temps pour son galant en
titre ; il était surtout friand de certains tête-à-tête,
courts et vifs, avec une mademoiselle Gotton, une
petite personne imposante et fière, audacieuse et ré-
servée ; elle daignait faire avec lui la maîtresse d'école,
se permettait les plus grandes privautés et ne lui en
accordait aucune.

Ainsi s'envolèrent, en dehors de toute contrainte et
de toute étude suivie, les années précieuses de son
enfance. Après un court séjour chez un greffier, où il
ne réussit pas, on plaça Jean-Jacques en apprentissage chez un graveur. Le maître de Jean-Jacques se
trouva être un rustre, un homme grossier, tyrannique
et brutal ; il tenait l'enfant dans l'infériorité et pour de
légères fautes le rouait de coups. Sur un enfant jusque là accoutumé à la douce tutelle des femmes, ces
mauvais traitements eurent des suites désastreuses,
en peu de temps ils ternirent l'éclat de ses jeunes

années : adieu l'aisance, la gaieté, les mots heureux ; on le traitait en esclave, il en prit les vices : il devint craintif, dissimulé, sournois, fripon ; il commettait de petits larcins, il volait les pommes de son patron. Pour échapper à un présent odieux, il s'était rejeté dans la lecture des romans ; en peu de temps, il en dévora toute une bibliothèque ; son imagination avait assez de puissance pour le transporter dans les situations de ces romans ; elle s'en emparait ainsi que des personnages, les variait, les combinait à nouveau, et lui composait une existence fictive, qui le dégoûtait toujours plus de la réalité. A force de querelles avec son maître, de coups, de lectures dérobées, de livres déchirés, sa tête commençait à s'altérer, il devenait misanthrope, il fuyait les hommes.

Une résolution désespérée tira Jean-Jacques de ce lent étouffement, mais pour le lancer dans de nouveaux périls. Afin d'éviter la brutale correction qui l'attendait, pour s'être laissé enfermer hors de la ville un dimanche soir, à l'âge de seize ans (1728), il prend la fuite, comme son frère aîné l'avait déjà fait, et se réfugie sur terre de Savoie ; il va d'abord au village prochain de Confignon, chez un curé, grand faiseur de prosélytes, et ce prêtre, au lieu de le renvoyer à sa famille, ne voit rien de mieux que de l'adresser à Mme de Warens, une dame vaudoise, convertie à la foi catholique et vivant à Annecy, avec une pension du roi de Sardaigne, sous la direction d'un saint évêque. Mme de Warens accueille l'enfant avec une douce commisération et lui parle de ses parents ; mais un intrigant de bas étage, alors en passage à Annecy, embouche les prêtres, se fait donner un viatique ; on lui confie Jean-Jacques, et il le conduit à Turin dans une maison destinée aux prosélytes. Là, on lui fait abjurer solennellement la foi réformée ; sur quoi, le malheureux enfant est jeté sur le pavé de cette capitale, avec une aumône de vingt francs. Il faut lire dans les *Confessions* le récit des extrémités auxquelles Jean-Jacques fut alors réduit et comment pour vivre il se fit petit laquais. Sa figure touchante et ses yeux pleins de promesses l'ayant fait remarquer, la noble famille des Solar le prit à l'essai, avec le projet d'en faire un secrétaire affidé ; mais Jean-Jacques avait la tête trop romanesque pour se plier à un projet si éloigné. Sur un caprice, il rompt avec ses protecteurs et part à pied avec un camarade de son pays, non pour Genève mais pour Annecy, attiré par le souvenir de l'accueil plein de grâce et de tendre pitié que lui avait fait Mme de Warens, deux ans auparavant.

Au récit des aventures de Jean-Jacques, le cœur compatissant de cette femme s'émeut, et elle le retient auprès d'elle, afin de faire son éducation et de lui donner un gagne-pain. La sollicitude que de secs parents n'avaient pas eue pour lui, il la trouva en cette femme secourable et généreuse ; dix années durant, sur un revenu modeste et déjà embarrassé, elle pourvut à ses besoins et cultiva ses talents. Comme Rousseau, Mme de Warens avait, par un coup de tête, renoncé à sa patrie et à sa religion ; mais quoiqu'une dévote en titre, c'était une femme brillamment douée, remuante, agitée, toujours occupée de projets supérieurs à ses moyens ; elle unissait l'intelligence d'un homme aux séductions et aux fragilités de la femme ; elle était encore dans l'éclat de sa beauté, avait la taille riche, une gorge opulente, et une physionomie pétrie de bonne grâce et d'aimable enjouement.

La position de Jean-Jacques en face de sa bienfaitrice fut, durant les premières années, celle d'un enfant ; elle l'appelait *petit*, et lui *maman*. Auprès d'une si charmante maman, belle, familière, d'une gaîté expansive, Jean-Jacques, le pauvre rebuté, refleurissait à plaisir ; l'esprit, la verve de ses premières années reparaissaient ; il ne demandait qu'à être auprès d'elle ; loin de son doux regard, il éprouvait un vide affreux. Mme de Warens songea d'abord à en faire un prêtre et il tâta quelque temps des études du petit séminaire, mais il ne mordit pas au latin, et elle se rabattit sur la maîtrise, où elle le plaça afin d'en faire un musicien. Deux années se passèrent de la sorte, deux années d'une douce et commode petite vie, au sein d'une société aimable et libre.

Cependant Jean-Jacques n'en avait pas encore fini avec l'abandon et la misère. Durant une absence prolongée de Mme de Warens, qui était allée à Turin pour ses affaires, il part à pied pour la Suisse, traverse Genève, et non sans émotion, va visiter son père à

Nyon; de Fribourg, il revient à Lausanne, attiré par la vue du lac dont il ne pouvait se rassasier; il tenta d'y vivre comme maître de musique : puis, il alla à Neuchâtel, où il réussit un peu mieux; enfin, il se joignit, comme secrétaire, à un soi-disant évêque grec en tournée de quête en Europe. Le ministre de France en Suisse le tira des mains de cet intrigant et l'envoya à Paris. Ce voyage n'ayant pas eu le résultat espéré, Jean-Jacques repart à pied pour la Savoie, léger d'argent, mais riche en chimères, jouissant de la marche, des beautés du pays et surtout de ses imaginations et des mille et un châteaux en Espagne dont elles le berçaient. Arrivé à Lyon, sans ressources aucunes, il éprouva de cruelles extrémités, et peu s'en fallut qu'il n'y mourût de faim. A ce moment il reçut une lettre de Mme de Warens qui le rappelait auprès d'elle, à Chambéry, où elle venait de se fixer.

Le premier séjour de Jean-Jacques auprès de Mme de Warens n'avait été qu'un épisode; le second, qui se prolongea durant huit ou neuf ans, fut l'événement décisif de sa vie et celui qui fixa son caractère et mûrit ses talents. Jean-Jacques, en arrivant à Chambéry, entra au bureau du cadastre; mais cette sorte de travail maussade et tout mécanique parut un supplice à cette nature d'artiste et de rêveur; au bout d'un an, n'y tenant plus, il renonce à un poste qui lui donnait de quoi vivre et se met à donner des leçons de musique à Chambéry. Cela lui réussit et dans la noblesse et la bourgeoisie les belles écolières ne lui manquèrent pas. Voilà Jean-Jacques passant la journée à courir de boudoir en boudoir et il avait vingt ans. Mme de Warens voit le péril, et unit Jean-Jacques à sa personne par un rapport nouveau et plus intime ; l'amante succède à la mère : l'innocence s'enfuit et la volupté la remplace.

Le pinceau magique des *Confessions* a assuré pour toujours le souvenir des années que Jean-Jacques passa avec Mme de Warens aux Charmettes, une agreste retraite aux portes de Chambéry. Tant de félicité faillit le tuer. La nature lui avait donné un tempérament ardent et combustible, une imagination sensuelle, enflammée, insatiable, ne prenant rien avec mesure. A de telles organisations le bonheur est une flamme dévorante. Sa santé s'affaissa ; Jean-Jacques passa deux ou trois ans dans les drogues, très-affaibli, agité, flottant d'une chose à l'autre : l'amour le consumait ; il déclinait, il avait des vapeurs, de subites terreurs, des scènes de larmes : l'idée d'une mort prochaine flottait devant son esprit alangui et il y trouvait une certaine douceur. L'étude sauva Jean-Jacques. Jusqu'alors il l'avait effleurée ; vers cette époque, il fut saisi d'une soif de savoir ; sa cervelle ayant dès lors une matière solide à digérer, tout son être y gagna. Dans le même temps il administrait la maison de Mme de Warens et vaquait à des besognes rustiques.

A ces années de méditation et de recherches entière-

ment désintéressées, on a dû l'écrivain et le penseur.
Le matin, Jean-Jacques avait coutume de commencer
la journée par une petite promenade solitaire, durant laquelle il se recueillait en face de l'auteur de
la nature ; il lui demandait pour lui et pour Mme de
Warens une vie innocente et pure, libre du vice et
de la douleur. Cet acte se passait en contemplation
plus qu'en demandes. Après le déjeuner, il prenait
les ouvrages d'un philosophe, de Descartes, de Leibnitz, de Mallebranche, de Locke ; il s'appliquait
surtout à bien pénétrer la pensée de son auteur, à
s'en imprégner, à la faire sienne ; par cette méthode,
il arriva à se faire un magasin d'idées et à penser par
lui-même ; il s'occupa aussi d'arithmétique, de géo-
métrie et un peu d'algèbre ; quant au latin, il n'y
réussit jamais tout à fait. L'après-midi, il la donnait
à des lectures littéraires, et il ne laissait passer aucun
ouvrage de Voltaire sans le lire et le méditer, soit
pour la forme, soit pour le fond. Ces lectures donnaient lieu, entre Mme de Warens et lui, à de longues
et intimes conversations ; leurs vies s'étaient confon-
dues ; ils se suffisaient l'un à l'autre et Jean-Jacques
se regardait comme son ouvrage. Mme de Warens
aimait à philosopher ; sous une couche officielle de
dévotion, elle partageait les hardiesses de la pensée
contemporaine ; sa théologie était celle de Mlle Huber
et des rationalistes protestants, un pur déisme, écartant les peines éternelles, révérant en Jésus un sage,
un martyr de l'humanité. Quant à la morale, elle

2

la tirait du sentiment ; et par ce biais, elle l'avait accordée avec l'équivoque de sa situation.

Son influence douce et persistante fut très-grande sur Jean-Jacques ; elle le moula à son image et lui inocula l'habitude des paradoxes et des inconséquences. Si Jean-Jacques tira ses principales idées de Genève, le tour sensuel de son imagination, le charme voluptueux qu'il donna à ses écrits, sont dûs à ce long séjour au sein de la nature de Savoie et de la vie qu'il y coula, au milieu d'une société commode, aimable, facile et libre, mêlée de religieux, d'abbés lettrés, de musiciens.

Il est rare que le bonheur irrégulier ait de la solidité. Au retour d'un voyage à Montpellier, Jean-Jacques trouva auprès de Mme de Warens un nouveau venu ; le partage que précédemment il avait accepté avec le grave Anet, lui parut intolérable vis-à-vis d'un jeune homme à l'esprit et aux sentiments bas et communs. Voyant ses projets de bonheur renversés, il se décida à partir pour Paris (1741).)

Jean-Jacques approchait alors de sa trentième année ; tout à la musique, il comptait pour faire fortune sur un système de notation de la musique par chiffres, système repris de nos jours et non sans succès. Il le présenta à l'Académie des sciences, mais les commissaires qu'on lui donna firent tant d'objections que le projet tomba. Il fallait vivre ; Jean-Jacques était sobre, économe, très-simple dans ses goûts, mais insouciant, rêveur, solitaire ; son caractère fier et sus-

ceptible le rendait peu propre à traiter avec les
hommes. Douze années durant, il lutta contre la
misère, tenta diverses occupations et fut exploité par
des hommes sans cœur. Son secrétariat à Venise ne
fut pas un des épisodes les moins curieux de sa vie.
L'injustice, dont il fut alors la victime, lui laissa un
germe d'indignation contre un régime d'inégalités
où les droits du mérite obscur sont sacrifiés au privilége de la naissance.

La solitude lui pesait, il avait besoin d'un intérieur
et il forma une liaison avec Thérèse Levasseur, une
fille du peuple, ignorante et simple, dont la sensibilité
et la modestie apparentes l'avaient gagné ; et sans
l'épouser, il en fit la compagne de sa vie ; par malheur, elle appartenait à une famille bassement avide
et tracassière qui devait lui donner bien des ennuis.
On sait le sort des enfants issus de ce commerce, et
comment Jean-Jacques, le futur auteur de l'*Emile*,
les livra à la charité publique.

Peu à peu, Rousseau émergeait de l'obscurité ; il
hantait les artistes, fréquentait des maisons de financiers et composait de la musique pour leurs fêtes. Il
s'était lié avec Diderot et avait été subjugué par le
charme de son commerce ; il était intime avec Grimm
et voyait les encyclopédistes, d'Alembert, Duclos,
Mably, le baron d'Holbach ; il était également entré
en relation avec Mme d'Epinay. Il vivait alors d'une
petite place de secrétaire, auprès de Mme Dupin, une
femme de la finance, lettrée et hautaine, qui affectait

de le traiter en scribe. Diderot avait été mis au donjon de Vincennes; comme Jean-Jacques allait le visiter, il apprit par le *Mercure* le concours ouvert par l'Académie de Dijon sur l'influence des lettres et des arts. A cette vue, sa tête se monte, et il écrit sous un arbre la prosopopée de Fabricius. Diderot l'exhorta à donner essor à ses idées et à concourir. Au milieu d'une société raffinée, subtile, affolée de belle littérature et de philosophisme, voluptueuse et galante, les diatribes de Rousseau contre la civilisation durent paraître d'étranges paradoxes, et cependant ils étaient sincères et tenaientau fond de son être. Ce premier écrit (1749) donne dans la boursouflure; mais sous une rhétorique parfois déclamatoire, on sent les pulsations d'une âme profonde, irritée contre l'état social, et l'entrée en scène d'une personnalité nouvelle et inquiétante, avec laquelle les inspirateurs de l'opinion auront à compter.

A ce moment, Rousseau fréquentait assidûment les théâtres et vivait encore pour la musique. En 1752, il composa de verve en trois semaines le *Devin du village*. L'opéra fut donné devant le roi et toute la cour; la réussite fut complète, une douce ivresse avait saisi l'assistance, les femmes versaient des larmes. Rousseau assistait à la représentation en costume négligé. Pour un homme d'une ambition vulgaire, ce succès conduisait à la fortune; on voulait le présenter au roi, il s'agissait d'une pension. Rousseau s'y refuse, car il y voit une contradiction avec ses maximes rigoristes, et une aliénation de sa liberté. Ce refus ne fut pas le seul; il déclina divers postes avantageux, et en dernier lieu le secrétariat de M. de Chenonceaux. Il avait pris le parti de vivre dans la pauvreté; il s'en fit même un système et y vit un moyen d'affirmer son indépendance et son détachement des préjugés du vulgaire. Désormais, il gagna son pain en copiant de la musique à dix sous la page.

L'Académie de Dijon, après avoir couronné son *Discours sur les Sciences et les Arts*, avait mis au concours *L'origine et les fondements de l'Inégalité parmi les hommes* (1753). A cette nouvelle, la fermentation d'idées et de sentiments qui s'était emparée de lui, lors du premier concours, le saisit avec une force plus grande et il se sentit appelé à faire luire la vérité sur ce grand sujet; il y vit l'occasion de mettre fortement en lumière la supériorité de l'état de nature sur l'état civilisé. A cette fin, il se retira dans la forêt de Saint-Germain, afin de méditer plus à l'aise et de mieux remonter à l'état primitif des sociétés. Le *Discours sur l'Inégalité* est le développement de celui sur *Les Sciences et les Arts*, une attaque en règle contre la société et la civilisation; à l'homme civilisé, vicieux, sophiste et dépendant, il oppose un homme primitif, n'ayant que peu de besoins et pas de passions, sage, vertueux et libre; les sciences et les lettres ont fait le malheur de l'humanité: « L'homme qui médite, dit-il, est un animal dépravé. » Chacun connaît le passage célèbre, où Rousseau montre dans l'institution de la propriété l'origine des inégalités sociales ; l'institution des magistratures régulières acheva l'œuvre d'iniquité, en substituant l'arbitraire à la primitive liberté.

Aujourd'hui, nous sourions à l'utopie du sauvage vertueux et libre, mais les paradoxes de Rousseau étaient sincères, ils se liaient à sa constitution morale et il en a fait de redoutables machines de guerre contre une société vieillie, agitée, inquiète et lasse d'elle-même.

Rousseau est un puritain, un Genevois, un rigoriste, contempteur né des mollesses monarchiques ; il n'a d'éloges que pour les mœurs des républiques antiques et, dans la dédicace aux magistrats de Genève, il en parle avec sagesse et maturité. Mais, en lui, il y a une autre face, provenant de sa situation précaire, infime, et des colères amassées dans une âme orgueilleuse et qui se croyait digne d'un meilleur sort. Rousseau, par ses deux *Discours*, marque l'avénement d'une nouvelle couche sociale ; l'antithèse du riche et du pauvre le hante, et il la résout par la haine : le riche est vil et triomphant, le pauvre vertueux et foulé. On sait la place que notre siècle a donnée à ce procès ouvert d'abord par Rousseau.

Durant l'été de 1754, Jean-Jacques fit un voyage à Genève. Il fut accueilli avec faveur par toutes les classes, mais surtout par la bourgeoisie. Il assista à la fête des promotions, et, à la vue de ce flot de vive jeunesse, espoir de l'avenir, il éprouva une douce émotion. Afin de recouvrer ses droits politiques, il rentra dans la foi de ses pères; on chercha à le fixer à Genève et il en avait le désir; mais ses amis de Paris, Mme d'Epinay en tête, firent feu et flamme contre ce projet. Le récent établissement de Voltaire aux Délices acheva de l'en dissuader, car il prévit que c'en était fait des mœurs et de l'ancienne simplicité.

La fermentation d'idées et de sentiments, excitée en lui par la composition des deux *Discours*, l'avait soulevé au-dessus de lui-même, et il se regardait comme ayant une grande mission à remplir, une sorte d'apostolat, celle de faire luire la vérité aux yeux de ses contemporains et de replacer l'homme dans ses vrais rapports avec les choses et avec son Créateur. La plume ne lui paraissant pas suffisante, il résolut d'y joindre l'exemple et de vivre dès lors en dehors de toutes les conventions arbitraires, injustes ou puériles, et de toutes les servitudes d'une fausse culture. Il appliqua cette réforme à sa toilette, renonça à toute parure : plus d'épée, de montre, de bas blancs, de dorure, de coiffure, une perruque toute simple, un bon gros habit de drap; puis il appliqua la même réforme à ses repas, à son mobilier et il mit son intérieur sur le pied d'un bon ménage d'ouvrier. Il voulait déraciner en lui tout ce qui tient aux jugements de l'opinion et aux maximes d'une vaine politesse. Au cœur de Paris, vivre en Epictète ou en Diogène, n'est pas chose si aisée ! Depuis longtemps, ce séjour lui pesait et il rêvait une retraite champêtre où il pût donner un libre cours à son besoin de solitude et de méditation. Prévenue de son désir, Mme d'Epinay, alors sa meilleure amie, le conduit un jour à l'Ermitage, un lieu retiré, sur la lisière de la forêt de Montmorency, et lui montrant une maisonnette, élevée récemment par ses soins : « Mon ours, lui dit-elle, voilà votre asile, c'est vous qui l'avez choisi. » Rousseau fut touché jusqu'aux larmes. Il accepte et en avril 1756, malgré les lazzi des philosophes, il s'y installe avec Thérèse.

En y arrivant, il fut d'abord tout à la joie de se trouver en pleine nature ; depuis quinze ans qu'il habitait Paris, il n'avait cessé de regretter ses chères Charmettes. Le matin, il copiait de la musique ; l'après-midi, il faisait de longues promenades à pied dans la forêt. La marche avait le don d'aviver ses idées. Aussi était-ce durant ses promenades solitaires que sa pensée se portait avec le plus de force sur ses plans pour la réformation de l'humanité. A ces heures il se sentait comme inondé par un flot de grandes pensées, et lui, naguère un homme timide, honteux et décontenancé, devenait fier, audacieux, intrépide. Durant quatre ans que cette effervescence se soutint, rien de grand et de beau, dit-il dans les *Confessions,* ne peut entrer dans un cœur d'homme dont il ne se sentît capable entre Dieu et lui.

Au milieu de ce train de hautes pensées, Rousseau

paraissait bien au-dessus des faiblesses de la chair, et cependant, il touchait au moment le plus passionné de sa vie. Il n'avait pas trouvé avec Thérèse la félicité qu'il rêvait, la disparité de leurs intelligences était trop grande. La solitude, où il vivait à l'Ermitage, avait rallumé les brandons mal éteints de sa romanesque imagination; il approchait de la période du déclin, sans avoir donné tout leur essor aux vifs sentiments de son cœur, sans avoir savouré l'enivrante volupté dont il se sentait capable. Il faisait ces réflexions dans la plus émouvante des saisons, en juin, alors que les retraites ombreuses de la forêt résonnaient du chant des rossignols. Le gracieux essaim des jeunes beautés qui avaient eu le don de l'émouvoir dans sa jeunesse, revenait voltiger autour de lui, et la tête lui en tournait. Peu à peu, son imagination s'emparant de ces figures, les groupa en un roman; elle incarna son idéal de grâce et de tendresse féminines en deux amies douces, sages et faibles, vivant dans une étroite confiance, et à l'amant de l'une d'elles il donna les vertus et les fragilités de son cœur. Plus la trame de ce roman allait se déroulant, et plus il éprouvait d'attendrissement. A ce moment, la séduisante Mme d'Houdetot, la belle-sœur de Mme d'Epinay, l'amante passionnée et fidèle de son ami Saint-Lambert, avait pris l'habitude de faire de fréquentes visites à l'Ermitage. La tête de notre philosophe n'y tint pas, et sur ce charmant objet se tourna la flamme qui le dévorait. Vainement, la rai-

son lui alléguait-elle son âge, la rigidité de ses principes, le ridicule où une passion si tardive le plaçait,
son devoir envers son ami Saint-Lambert : la passion
était la plus forte ; Mme d'Houdetot, avec une tendre
pitié, lui reprochait sa folie ; mais confiante et familière, elle multipliait ses visites, et ils faisaient ensemble de longues promenades en tête à tête dans la
forêt. A la peinture de ses sentiments, elle répondait
en exhalant ceux dont son cœur brûlait pour Saint-
Lambert. Quatre mois durant, cet étrange dialogue
se prolongea.

Depuis quelque temps, les rapports de Rousseau
avec Mme d'Epinay et les philosophes s'étaient gâtés.
Grimm, devenu son amant, l'indisposait contre Jean-
Jacques ; celui-ci avait été blessé par le ton rogue
et protecteur que ce bel esprit affectait à son égard.
Parmi les encyclopédistes on avait pris d'abord en
riant la retraite de Jean-Jacques dans la forêt de
Montmorency ; lorsqu'ils virent que ce n'était pas
une vaine gageure, mais qu'il persistait dans son
plan de vie solitaire, ils n'eurent pas assez de huées
à son adresse. Le divorce entre eux tenait à des
causes profondes, et chacun des écrits de Rousseau
allait l'accuser davantage.

Rousseau avait déclaré la guerre aux institutions
anciennes pour d'autres motifs que les encyclopédistes. Ceux-ci en voulaient surtout aux croyances,
ils étaient des démolisseurs dans l'ordre moral et des
zélateurs de l'athéisme. L'opposition de Rousseau était

politique et sociale. Le contact de la société française avait avivé les germes de démocratie et de puritanisme qu'il avait puisés dans sa première éducation genevoise. Le bon plaisir à tous les degrés de l'échelle administrative, la fiscalité épuisante, les souffrances du peuple travailleur, le régime de faveurs et de priviléges qui assurait tous les avantages à une minorité, blessaient son instinct de justice et il aurait voulu y substituer un régime de légalité et de droits, où tout se fît par des citoyens et pour eux. Le persiflage léger et moqueur des salons froissait les côtés intimes de son être; son âme, toujours sérieuse, n'admettait pas qu'on pût se débarrasser des grandes questions par l'ironie.

Le mouvement philosophique avait son siége dans les salons, et partait d'un groupe d'hommes à l'intelligence acérée et mordante, à la parole brillante, mariant les plaisirs avec la philosophie et vivant avec les femmes les plus spirituelles de l'époque. Au milieu d'un tel monde, Rousseau, suivant l'expression de Mme d'Epinay, paraissait un ours; mais la rude indépendance de sa parole et de sa plume, ses brusqueries et ses rudèsses cadraient avec son personnage, et si l'ours s'était laissé museler et que les belles dames du temps lui eussent rogné les griffes, c'en était fait de son génie.

Au mois de décembre 1757, à la suite d'une aigre correspondance, Mme d'Epinay passe brusquement du côté de ses ennemis et lui retire le logement de l'Ermitage. Jean-Jacques déménage, mais reste dans les environs et se loge à Montmorency. Le voilà en rupture avec Diderot, Grimm et la coterie d'Holbach. L'année suivante, la publication de la *Lettre sur les Spectacles* (1758) aggrava cette rupture et le mit aux prises avec Voltaire ; Rousseau ne lui pardonnait pas ses efforts pour effacer l'ancienne sévérité des mœurs genevoises : Voltaire se voyant pris à partie, se livra à son irascibilité ; dès lors, en toute occasion, il cribla le philosophe de Genève d'un déluge de facéties, de traits mordants et injurieux, où perçait le dépit que lui causait la rapide renommée, d'un homme naguère encore obscur et dont le nom déjà balançait le sien.

Au moment où Rousseau écrivit la *Lettre sur les Spectales*, sa situation était dramatique. Il voyait tout un passé se déchirer, ses anciens amis étaient devenus ses détracteurs ardents ; l'amour, l'amour même s'envolait pour toujours, mais le flot de grands sentiments qui lui avait mis la plume à la main bouillonnait avec une ardeur croissante ; on le sent à sa langue, si vivante, si colorée, et par moments d'un pathétique si émouvant. Le corps de la *Lettre* est une éloquente reproduction des condamnations que les moralistes et les théologiens ont lancés de tout temps contre le théâtre comme un excitateur des passions. Un beau passage est celui où Rousseau fait le tableau des mœurs d'une vraie république et parle de Genève comme d'une Sparte, et celui où il décrit les mœurs des montagnards suisses et montre comment les meilleures joies découlent d'une vie laborieuse, sobre et remplie par des devoirs domestiques et civils.

La *Nouvelle Héloïse* (1759-1760) alla aux nues. Ses premiers écrits traitaient de questions peu accessibles aux femmes; celles-ci se jetèrent sur ce roman, éblouies par la magie des couleurs et la véhémence de la passion; elles y voyaient, en outre, une histoire personnelle. La récente flamme de Rousseau pour Mme d'Houdetot, survenue au moment où ce roman se déroulait dans sa tête, en accrut la saveur; le livre, cependant, avait une portée plus générale. Saint-Preux, c'est Rousseau, avec ses aspirations à la vertu et sa sensualité ardente, ses subtilités, ses sophismes, ses fragilités, ses inconséquences, sa sentimentalité peu saine, ses élans vers une félicité impossible. La première partie du livre est toute à la passion et à la passion déchaînée. Plus loin, le calme se fait, la sérénité succède à l'orage, et Rousseau trace un ample tableau de la vie d'une famille noble de la vieille Suisse, étrangère au luxe, partageant ses soins entre les travaux de la campagne et la bienfaisance. Cette simplicité n'enlève rien à la vie intérieure des personnages; Saint-Preux, Julie, M. de Wolmar, sont des têtes subtiles et raisonneuses, altérées de vérité et la poursuivant avec une ardeur inquiète. Ce groupe de fidèles amis se détache sur le plus beau paysage de la Suisse romande. En quelques touches larges, la plume de Rousseau a rendu les beautés de ce lieu d'élection, les splendeurs du lac, son calme, ses orages, sa limpidité, et la majesté des hauts sommets qui lui font ceinture.

Aujourd'hui, ce roman célèbre a perdu ses attraits. On le lit peu, on a peine à le comprendre. La sensation qu'il produisit provenait de son accord avec les prétentions philosophiques de l'époque.

Le maréchal de Luxembourg, possesseur du domaine de Montmorency, touché des déboires que Jean-Jacques avait eus avec ses précédents amis, avait mis à rechercher son amitié une insistance si dépourvue de hauteur, que le farouche philosophe s'était laissé apprivoiser, jusqu'à accepter un logement au Petit-Montmorency. Ce fut dans cette retraite qu'il mit la dernière main au *Contrat social* et à l'*Emile*. Le matin, il allait lire des fragments de l'*Emile* à la maréchale et cette grande dame, d'accord avec M. de Malesherbe, qui protégeait ouvertement Rousseau et correspondait avec lui, avait pris en main ses intérêts et s'occupait de sa publication. Ainsi, à l'époque où Rousseau écrivait les ouvrages qui ont le plus contribué à miner l'ancien ordre de choses, il vivait sur un pied de familiarité avec les plus hauts personnages de la noblesse française.

La sensation produite par la *Nouvelle Héloïse* n'avait pas faibli quand Rousseau fit paraître coup sur coup le *Contrat social* et l'*Emile*. Ces mâles écrits nous donnent sa pensée, parvenue à sa maturité et dégagée des exagérations misanthropiques de ses premiers écrits. Auparavant, il avait attaqué l'ordre

social et sa fausse culture ; maintenant, il nous donne
la charte politique de la société de l'avenir et l'homme
parfait, l'homme élevé selon la nature, en dehors des
influences qui le rapetissent et le façonnent pour les
abus des sociétés civilisées.

Dans le *Contrat social*, il se place au point de
vue abstrait de la société selon l'ordre de la justice,
ayant pour but le bien de tous et dont chaque membre
est un citoyen actif. Pour lui, la liberté est une condition nécessaire de la dignité humaine ; y renoncer,
ce serait se dégrader. L'ordre social suppose donc, à
son origine, un contrat accepté librement par chacun.
La réunion des membres de la société politique cons-
titue le *Souverain* et seule elle peut faire la loi. Le
pouvoir exécutif, qu'il réside dans un prince ou dans
tel ou tel corps de magistrats, n'existe qu'en vertu
des lois ; sa mission est de les faire exécuter et de
remplir les attributions administratives qui ne sauraient convenir au corps des citoyens. Rousseau y
admet une part d'influence aristocratique; mais le
pouvoir exécutif n'est point le maître de l'Etat, il est
le mandataire, le ministre du corps des citoyens,
l'officier du *Souverain* et à lui seul il ne peut pas
faire la loi.

Le pacte social est un réseau aux mailles serrées ;
chacun y est engagé envers tous et tous envers chacun,
l'action et la réaction y sont incessantes. *Un pour tous
et tous pour un* en est la devise sublime. Il doit être
ordonné de telle sorte que nul ne puisse empiéter sur

les droits des autres, ni se soustraire à la loi. Celle-ci, votée par tous, ne saurait avoir en vue que le bien commun. Les citoyens n'obéissent donc qu'à la justice ; en vertu du *Contrat social*, ils échangent une manière de vivre incertaine et exposée aux chances d'oppression contre une situation légale et sûre.

Rousseau ne se dissimule pas les dangers qui menacent la liberté, et ceux-ci lui paraissent d'autant plus graves que l'agglomération politique est plus vaste. Dans les grands Etats, il est difficile, dit-il, que les mêmes lois conviennent à tant de provinces et d'intérêts divers ; le peuple ne voyant ses chefs qu'à distance, a moins d'affection et de confiance ; les talents ne se produisent que difficilement, les vertus restent ignorées et les abus sont impunis. Pour maintenir l'ordre public, le pouvoir a besoin d'une grande somme de force, et il l'emploie contre la liberté des citoyens. L'inégalité des conditions y est plus criante, et partout où les opulents et les gueux sont en nombre, la liberté publique est exposée à de dangereux trafics. Une démocratie vraie est toujours difficile à maintenir et elle suppose de très-petits Etats, où l'on assemble aisément le corps des citoyens et où il règne de la simplicité et de l'égalité. Cette forme politique est toujours disputée, et le contrôle vigilant de tous les citoyens y est de rigueur. La force des choses conspirant incessamment contre l'égalité, il faut que l'autorité de la loi réagisse sans cesse aussi, pour la maintenir.

Dans le *Contrat social*, Rousseau ne voit la liberté, que là où la loi est sanctionnée par tout le corps des citoyens ; le régime parlementaire n'était alors pratiqué que par la seule Angleterre et il connaissait mal les conditions de ce pays. Il part de la vieille constitution démocratique de Genève et de ses réminiscences classiques ; au moyen de ces dernières, il systématise la constitution genevoise et en tire des conséquences légales que la pratique n'avait qu'imparfaitement réalisées. Si la démocratie pure en était le principe générateur, l'influence des familles patriciennes avait depuis longtemps réduit le corps des citoyens à une souveraineté à peu près nominale. De nos jours, à Genève et dans toute la Suisse, l'influence aristocratique a disparu, la démocratie est souveraine et le peuple a recouvré le vote des lois par l'institution du *referendum*. Les principes du *Contrat social* sont devenus la réalité.

Peu de livres abordent les hautes questions avec autant de virilité que l'*Emile*; on y sent le souffle de la robuste Helvétie et comme un parfum des Alpes. Rousseau veut faire un homme, un être indépendant et libre, et non pas une copie, un moulage. Cette préoccupation compense bien des erreurs de détail. On ne saurait, en effet, appliquer son système à la rigueur. Pour échapper aux pressions exercées sur l'enfant par la plupart des éducations, Rousseau en a pris le contre-pied ; à une précocité excessive, il oppose une lenteur exagérée ; de peur qu'on n'instruise trop vite et qu'on ne donne aux sentiments une direction prématurée, il veut que, durant longtemps, on ne s'occupe que du corps.

Il n'est pas possible de reculer aussi tard qu'il le demande la culture des sentiments et l'appel au devoir; en soumettant l'enfant à la seule nécessité, on mutilerait son premier développement; on en appellerait à l'égoïsme, à la force et à la crainte. D'autre part, notre époque aurait un grand enseignement à tirer de la préoccupation de Rousseau pour le développement physique; à force de hâter le développement cérébral, on ruine le corps, et au lieu de faire des hommes, on n'obtient trop souvent que des fruits de serre chaude.

Rousseau élève Emile à la spartiate; il lui veut une couche dure, des vêtements larges et légers, une nourriture sobre, beaucoup de grand air, de liberté, d'exercices de force et d'adresse. Il vise à en faire un gaillard sain et robuste, dispos, alerte, adroit de ses membres, sachant s'aider et se retourner à la rencontre d'un obstacle.

La difficulté principale dans toute éducation est la balance à établir entre la direction imprimée par l'éducateur et la spontanéité de l'élève. L'éducateur ne voit communément que son autorité; il fait de l'obéissance la vertu capitale et en quelque sorte unique de l'enfant. On voit cependant dans la pratique que, lorsque le commandement est minutieux et impératif, le développement des forces de l'en-

fant est entravé et sa personnalité diminuée. Pour
Rousseau, il biffe simplement les mots de commandement et d'obéissance ; il s'ensuit que les pu-
nitions disparaissent également et que l'enfant n'é-
prouvera que celles qui naissent du mauvais succès
de ses tentatives. Ici encore, dominé par le respect de
la personnalité humaine dans l'enfant, il exagère un
principe excellent, celui de la *responsabilité*.

L'instruction proprement dite tient peu de place
dans l'*Emile*, parce que Rousseau hait l'instruction
livresque. Les livres, dit-il avec assez de raison, apprennent surtout à parler de ce qu'on ne connaît pas.
De cet ostracisme il excepte toutefois *Robinson*, qu'il
place de bonne heure dans les mains d'Emile. Au lieu
de fourrer dans la tête de son élève toutes sortes de
connaissances, il songe surtout à le munir des instruments intellectuels propres à acquérir le savoir. Il
l'habitue à bien observer les objets naturels, leurs
formes, leurs couleurs, leurs qualités distinctives ; il
veut que le cerveau ne reçoive du dehors que des
images nettes et précise, car c'est ce qui lui permet
de classer les objets avec exactitude, et ces qualités
appliquées aux faits moraux facilitent le travail d'in-
duction. Une fois les facultés d'observation et d'in-
duction affermies, dans quelque situation qu'un enfant
se trouve, il s'orientera plus sûrement que celui qu'on
a accoutumé à ne voir que par ses livres. Rousseau,
d'ailleurs, ne cherche nullement à faire des médita-
tifs, il estime que l'homme est fait pour l'action ; il a

des membres pour s'en servir, et sa santé et son équilibre moral exigent qu'il ne renonce jamais entièrement aux fatigues musculaires. Il ne saurait réaliser le
mens sana in corpore sano que moyennant une part
de travail manuel. Aux yeux de Rousseau, le travail
est un devoir imprescriptible ; il découle de la loi de
réciprocité, qui fait que, puisque chaque homme con-
somme pour vivre une part des biens produits par le
travail de tous, il est tenu d'apporter sa quote-part
à la mise commune. Quant au riche, loin que la fortune l'exonère de l'obligation de faire œuvre, elle
lui en fait un devoir plus impérieux, puisqu'il profite du travail de tous dans une proportion plus
forte.

Rousseau fait bon marché des habitudes, de
l'exemple, de l'autorité, de la foi ; cependant, comme
il ne peut se passer de diriger, car tout éducateur est
un directeur d'âme, il s'ingénie pour amener des
situations propres à porter Emile dans une bonne direction et à lui suggérer les sentiments et les volontés
désirables. Les générations sont solidaires et se trans-
mettent un héritage d'expériences et de préceptes,
sans lesquels la vie civilisée serait impossible ; d'autre
part, le traditionnel tend toujours à substituer à la
réalité vivante une lettre morte. L'*Emile* est une
des plus hardies revendications du droit de chaque
individu et de chaque génération à contrôler la tra-
dition et à la modifier conformément aux faits actuels.
C'est ce qui a fait la vertu de ce livre, il en émane un

souffle de rajeunissement et d'indépendance. Aussi, partout où il a pénétré, il a frappé au cœur bien des routines. Dans les pays latins, l'*Emile*, comme méthode éducative, a été peu compris et très-peu pratiqué; mais dans les pays germaniques, ses principales idées, remaniées et perfectionnées par Pestalozzi et ses disciples, sont entrées dans la pratique et ont renouvelé l'éducation tant publique que privée.

Rousseau a attendu la fin de l'adolescence pour entretenir Emile de religion, et alors, sous le nom de *Profession de foi du Vicaire savoyard*, il lui a présenté un ensemble de vérités, basées sur les données de la raison et les besoins de la conscience. L'*Emile* n'est donc pas seulement un livre sur la vie humaine, mais un manifeste religieux, un sommaire de la religion naturelle.

La pensée de Rousseau est religieuse, mais elle est indépendante; elle cherche à construire, mais elle n'admet que des vérités compatibles avec la raison. Voyant partout dans la nature un ordre et des lois, il en conclut à un Etre suprême, gouvernant le monde avec puissance et sagesse; cet être est absolu, actif par lui-même, existant avant toutes choses et après, il est tout puissant, tout sage et tout bon. Nous le sentons autour de nous et en nous; nous pouvons converser avec lui et pénétrer nos facultés de sa divine essence; mais pourquoi le prierions-nous? nous ne saurions lui demander de faire notre œuvre, mais seulement d'écarter l'erreur de notre intelligence. Le culte qu'il nous demande est celui du cœur ; sachons l'aimer et aimer notre prochain.

Ce Dieu nous a animés d'une substance immatérielle et doués de liberté morale, afin que nous fassions le bien par choix. C'est à nous à mettre en œuvre cette précieuse faculté ; lorsque nous nous livrons à nos inclinations vicieuses, elle pâlit et s'efface. Le bien consiste à savoir se subordonner au tout et le mal à sacrifier le tout à ses convenances privées. Dieu nous a donné dans la conscience un guide sublime et infaillible, qui nous montre la voie à suivre : le triomphe de la conscience est de faire que l'homme coopère au bien public à son détriment. Si nous désirons être heureux, commençons par être justes.

Tout nous porte à croire que l'âme survit au corps : la mort est pour elle une délivrance ; affranchie de son fardeau charnel, elle développera des virtualités supérieures. Ici-bas, l'enfer est déjà dans le cœur du méchant, il n'est donc nullement besoin de le placer au delà ; quant au juste, il n'a pas besoin de récompenses ultérieures, car il a celle d'exister selon sa nature. La suprême jouissance est le contentement de soi-même, et l'homme y arrive en coopérant avec Dieu, en se faisant son instrument.

Vis-à-vis du christianisme, Rousseau est partagé. Les miracles relatés par les Ecritures le choquent plus qu'ils ne l'édifient ; toutefois, sur la grave question du surnaturel, il reste dans un doute respectueux.

La majesté des Ecritures, la beauté des enseigne-
ments de Jésus, la pureté de sa morale l'émeuvent;
mais il ne voit dans Jésus qu'un sage, un réformateur,
un martyr, et non un Dieu, venu en chair pour sau-
ver les hommes par le sang de sa croix.

Autant l'apparition de la *Nouvelle Héloïse* avait été
bruyante, autant celle de l'*Emile* fut d'abord silen-
cieuse. Dans les hautes régions gouvernementales, il
y avait de l'inquiétude ; le Parlement avait engagé
une lutte dangereuse avec la Société de Jésus et se
préparait à la supprimer. Dans ce monde, on estima
qu'en frappant l'*Emile* dans l'intérêt de la religion,
on aurait une position plus forte en face des jésuites.
A la cour, il ne manquait pas d'hommes mécontents
du progrès des idées démocratiques et désireux de
voir condamner l'audacieux écrivain. En face de ces
grands intérêts, le patronage personnel de M. de
Malesherbe et l'amitié du maréchal de Luxembourg
ne suffisaient plus pour protéger Rousseau. Le 10 juin
1762, le Parlement fit brûler le livre et décréter
l'auteur.

Rousseau ne s'était point laissé intimider par l'approche de l'orage et son intention était d'affronter
les conséquences de la condamnation. Ses amis esti-
maient, au contraire, que sa nerveuse constitution ne
résisterait pas aux angoisses de la prison et d'un
procès au criminel, et il fut décidé qu'il partirait pour
Yverdon. Rousseau y comptait de sûrs amis ; mais
leurs Excellences de Berne lui en refusèrent le séjour,

et il se fixa à Motiers, dans le Val-de-Travers, sous la protection du grand Frédéric, qui se fit un honneur de donner asile au génie persécuté.

Il avait été bien inspiré en ne se dirigeant pas sur Genève, car ses ennemis y avaient le dessus. Le *Contrat social* avait indisposé contre lui le parti aristocratique, et les ministres repoussaient hautement la *Profession de foi du Vicaire savoyard*. Avec une précipitation déplorable, le Petit Conseil prononça la condamnation de l'*Emile* dix jours seulement après le Parlement de Paris. Si Rousseau n'avait été que médiocrement ému par l'arrêt du Parlement de Paris, il n'en fut pas de même de celui des magistrats de Genève. Cette proscription de ses idées les plus chères par les autorités de sa ville natale lui fit une blessure qui ne se guérit jamais ; elle l'atteignait dans sa qualité de citoyen de Genève, dont il s'était fait un titre d'honneur et le prétexte d'une situation à part comme théoricien politique. Ce fut en vain que Moultou et ses amis genevois s'efforcèrent d'adoucir la plaie : Rousseau réclamait un acte public de la part du parti des citoyens, la mesure qui l'avait frappé étant à ses yeux une infraction aux droits de tous. Ulcéré par l'apathie de ses partisans, le 12 mai 1763, il adresse au premier syndic sa renonciation à la bourgeoisie de Genève. Cette démarche fit de l'impression à Paris. A Genève, les partis s'en émurent, et le 28 juin, quarante citoyens firent au Petit Conseil une représentation fortement motivée, où ils exposaient divers griefs et demandaient le retrait de la condamnation de l'*Emile*. Le Petit Conseil leur opposa le *droit négatif*, le parti des citoyens persistant dans sa représentation, le différend s'aggrava et fut le point de départ de longues convulsions. L'homme le plus éminent du parti aristocratique, le procureur général Tronchin, publia, sous le nom de *Lettres de la Campagne*, une habile défense de la conduite du Petit Conseil; mais il avait en tête un rude joûteur, et Rousseau lui riposta par les *Lettres de la Montagne*, le plus violent et le plus passionné de ses écrits. Aux ministres, il répond en revenant sur les doutes élevés dans la *Profession de foi* à l'égard des miracles; et cette fois, il accuse son opposition au surnaturel avec une vigueur de logique et des développements d'une grande force. Puis, se tournant vers les magistrats de Genève, il expose les principes de la Constitution, et montre comment les prérogatives que s'arroge le Petit Conseil sont illégales et reposent sur une série d'empiétements sur les droits des citoyens. Il termine en menaçant ceux-ci d'un prochain et complet asservissement.

Il est possible que Rousseau eût frappé plus fort qu'il ne le voulait, car à partir de cette publication, ses dispositions s'adoucirent sensiblement et, en diverses circonstances graves, il donna aux chefs des *représentants* des conseils de modération et de prudence.

Le séjour de Rousseau à Motiers, au Val-de-Travers, s'était prolongé; il y avait trouvé du charme et avait fait venir Thérèse, qui tenait son modeste ménage. Lord Keith, le gouverneur de la principauté, ainsi que plusieurs personnages distingués de la contrée, l'entouraient de grands égards. Sa célébrité attirait en foule les visiteurs; il en venait de France et de Suisse, des curieux, des importuns, des enthousiastes, et aussi des sermonneurs, des donneurs de conseils; les lettres arrivaient par liasses, et jamais Jean-Jacques n'entretint une correspondance aussi nombreuse. Ses amis de Genève et d'Yverdon lui faisaient de fréquentes visites et, à ses bons moments, il les recevait avec une familiarité charmante. De cette époque date sa passion pour la botanique. Il n'est pas de site de cette contrée sauvage et romantique qu'il n'ait parcouru à pied. Il y laissa toute une légende. Bien longtemps après, les habitants de ces montagnes montraient les maisonnettes où il était entré, et racontaient ses traits de familiarité et de bonhomie, les caresses qu'il faisait aux enfants, ses entretiens avec chacun, et surtout avec les chétifs, les rebutés, l'intérêt qu'il prenait à leurs difficultés, et la générosité avec laquelle il prélevait sur son nécessaire pour adoucir le sort des malheureux.)

Cette vie champêtre était si fort dans les goûts de Jean-Jacques, qu'il renonça à écrire. A ses yeux, son œuvre était accomplie. Dès lors, il se recueille et se juge, et ne prend la plume que pour éclairer la pos-

térité sur les incidents de sa vie, sur son caractère et
sur le but de ses écrits.

(Le tour absolu que Rousseau avait donné à ses
idées, son mépris amer pour celles des autres, ses
allures de prophète infaillible, étaient faits pour lui
attirer de violentes inimitiés ; mais il n'était point
organisé pour de telles luttes, il était trop impression-
nable, trop sensible à la douleur, trop vibrant ; son
imagination était trop ombrageuse ; aussi, lorsque l'ère
des persécutions commença pour lui, il tomba dans
une misanthropie qui se termina par le naufrage de
sa raison.

Ses derniers portraits portent la trace visible des
tortures que lui fit subir une situation trop violente.
Dans sa jeunesse, Jean-Jacques avait eu une beauté
touchante, un œil plein de feu, le sourire aimable et
confiant, ses traits mobiles et délicats reflétaient les
émotions les plus fugitives. Avec les années, ses traits
subirent une contraction pénible, l'œil devint inquiet
et hagard, le bas du visage se crispa et la physionomie prit une expression de douleur et de mélancolie
poignantes. Jean-Jacques ne connut pas seulement
la souffrance morale, il avait apporté en naissant un
vice d'organisation d'une espèce cruelle, et très-propre
à ébranler la machine et à altérer l'humeur. Il passa
presque toute sa vie dans les remèdes, les consulta-
tions, les traitements, et se croyant proche de sa fin.

Les faiblesses de sa vie privée ont été exploitées
par ses ennemis avec l'art qu'inspire la haine ; ils ont

soigneusement groupé les traits défavorables, exposés
dans les *Confessions*, sans les balancer par les qualités. Par un mirage étrange de l'orgueil, Jean-Jacques a cru faire son apologie et montrer à tous qu'il
était le meilleur des hommes, en étalant ses hontes
et en glissant sur ses vertus.

Sa vie a été en butte à la fatalité. Son enfance fut
privée de la tutelle maternelle, et négligée par son
père et par des parents nuls ou indifférents. Après
avoir traîné dans les bas fonds d'une capitale italienne,
durant les années de sa jeunesse, il vécut sous la tutelle d'une femme brillante, mais sans mœurs. L'habitude des situations irrégulières ainsi contractée, durant
ses années d'obscurité à Paris, il s'engagea définitivement dans cette voie. Jean-Jacques ne pouvant élever
à lui sa compagne, devait à la longue subir un abais-
sement ; Thérèse, aidée par sa mère, menait par le
nez son philosophe ; elle lui attirait mainte tracas-
serie et l'exploitait au profit de sa famille.

Mais, dans l'âme de Jean-Jacques il y avait de grandes parties que ce bas entourage ne pouvait altérer.
Par la méditation, les rêveries, les contemplations,
il échappait aux vulgarités qui l'entouraient. De brus-
ques élans le portaient à un idéal de justice et de
désintéressement ; durant ces heures, il planait au-
dessus des choses humaines, il en voyait les misères
et se jugeait de taille à y porter remède et à réformer
la société et sa morale.

L'orgueil fut sa passion maîtresse ; en lui, il était

inné, profond, irrésistible, il se mêlait à toute la trame
de ses sentiments. Cette passion a fait les malheurs
de l'homme et la puissance de l'écrivain. Jean-Jacques prenait sa sensibilité pour de la vertu ; il avait
à un haut degré le don de la sympathie ; la vue d'une
belle action lui causait un doux ébranlement; il était
plein de pitié pour les malheureux, il aurait voulu
que tous les hommes fussent bons et heureux. De
ces élans de sensibilité, il ne résultait pas qu'il fût le
plus juste, le plus bienfaisant, le plus dévoué des
hommes, comme il se le figurait, car Jean-Jacques
se secouait trop facilement des devoirs quotidiens de
la vie, un fonds de mollesse le faisait reculer devant
les responsabilités ; l'orgueil le rendit souvent ingrat;
d'autres fois, il lui inspirait une mauvaise honte qui
l'endurcissait, qui l'empêchait de reconnaître un tort
et étouffait momentanément la voix de sa conscience.

Mais quel point d'appui, pour un homme qui a
entrepris de réformer la société, que cette conviction
qu'il est un être à part, un élu de Dieu, une sorte de
prophète, destiné à une grande mission. On ne saurait expliquer autrement la position prise par Rousseau, à ses débuts dans la littérature, le ton d'affir-
mation tranchante avec lequel il lance ses idées, son
dédain pour celles des autres, l'affectation avec laquelle il se place en dehors de toutes les traditions
et de toutes les écoles.

Rousseau avait l'âme sincère et vraie. Il osa dire à
ses contemporains les vérités les plus dures, mais son

âme osa livrer ses secrets: fortune, repos, amitiés, considération, il sacrifia tout au besoin de dire sa pensée, il accepta de passer pour fou et pour méchant, plutôt que de se taire.

La tournure de son esprit était impropre au maniement des hommes; son âme primesautière, ouverte, transparente comme le cristal, ne sachant rien dissimuler et, à mesure que les années marchaient, plus portée au soupçon, le rendait ombrageux et maladroit dans les difficultés courantes; il déchirait, là où il aurait fallu dénouer; il blessait ceux qui lui voulaient du bien et donnait des armes aux malintentionnés.

Sa préférence pour la pauvreté n'était point une affectation; l'argent ne lui était rien, ses goûts étaient ceux d'un ouvrier aisé; tandis que Voltaire agiotait, tripotait, grossissait ses capitaux et tournait au seigneur terrien, Jean-Jacques travaillait de ses mains pour gagner son pain.

L'homme public fit constamment preuve de désintéressement et d'indépendance. Rousseau n'écrivait que pour exposer ses idées sur des questions d'intérêt général. Il se regardait comme un censeur des mœurs publiques, il tenait du tribun et plaidait la cause des faibles. Il y avait en lui beaucoup de Don Quichotte, de ce caractère supérieur par la générosité que la littérature s'est plu à ridiculiser, au lieu de le proposer à l'imitation des belles âmes.

Son éloquence se reliait étroitement à sa manière de penser haute et libre. Il écrivait avec son âme et remué à fond; en se transportant tout entier dans chacune de ses pensées, il arrive à leur donner un relief saisissant, mais ce prestige s'attache au paradoxe comme à la vérité. Ses écrits ont le nombre, le coloris, l'ampleur, la grande flamme ; mais pas de calme, de sérénité, de paix intérieure. Son éloquence est agitée et raisonneuse, sentimentale et déclamatoire, plus séduisante que sûre, une fidèle image des contrastes de l'homme. Moins paradoxale, moins riche en contrastes, elle n'aurait pas eu le même retentissement. En revêtant des maximes stoïques du langage de la passion, Rousseau leur ouvrit bien des portes ; unissant Zénon à Epicure, puritain rigide et romancier voluptueux, des sphères les plus hautes de la pensée, plongeant dans les replis obscurs du monde sensuel, il endoctrina les sages et les ignorants, les philosophes et les beaux esprits, les mères de famille et les femmes galantes.)

Ses théories suscitent en foule les objections. On s'est demandé comment la société serait devenue si mauvaise si chaque homme naissait juste et bon ; on lui a reproché d'avoir exagéré le rôle des majorités et l'autorité de leurs votes ; d'avoir poussé trop loin les droits de l'Etat en matière religieuse ; d'avoir préconisé une vertu de sentiment aux dépens de celle du devoir, d'être tombé dans l'emphase, la déclamation, les subtilités. Sa vue des choses humaines est rarement exempte d'un côté chimérique, et ses théories en morale et en politique sont à remanier. Rousseau n'en a pas moins été le penseur des temps modernes qui a imprimé aux esprits la secousse la plus forte; aucun n'a démoli autant de préjugés, et n'a ouvert tant de voies nouvelles dans la politique, les rapports sociaux, l'éducation, le goût littéraire, la manière de sentir la nature; aucun n'a fait un effort aussi puissant pour replacer l'homme en communication directe avec la source de la vérité et pour en faire un être autonome. Il est le père de l'individualisme moderne.

Les dernières années de la vie du grand écrivain sont d'une amère mélancolie. En Suisse, la publication des *Lettres de la Montagne* avait déchaîné contre lui un violent orage. Les ministres neuchâtelois lui prodiguaient les anathèmes, et du haut de leurs chaires, ils dépeignaient ce courageux défenseur du spiritualisme comme un impie, un forcené, un ennemi de Dieu et des hommes. Ces invectives finirent par émouvoir la populace du Val-de-Travers. Rousseau subit des outrages, on le menaça, on assaillit la nuit sa maison à coups de pierres. Tout ému de ces violences, il se décida à fuir et se retira dans l'île de Saint-Pierre, une propriété de l'hôpital de Berne. Ce séjour lui parut enchanteur, il fit venir Thérèse et annonça son intention d'y passer le reste de ses jours dans une retraite profonde. Il employait de longues heures à herboriser ou à errer en nacelle sur les bords du lac, sans pouvoir se rassasier du charme rêveur et mélancolique de ses rives, et d'une solitude qui lui apparaissait comme un port assuré après les orages de sa vie. Tout à coup, à l'entrée de l'hiver, il se voit arraché à ses innocentes rêveries par un ordre impérieux de leurs Excellences de Berne, d'avoir à vider les lieux au plus vite, mesure vexatoire en tout temps, et inhumaine et brutale, en face d'un homme de génie, pauvre, infirme et âgé. Jean-Jacques en fut bouleversé et aucun des incidents de cette époque ne hâta autant l'obscurcissement de sa raison (1765).

Il quitte pour toujours le sol inhospitalier de la Suisse et part pour l'Angleterre, attiré par Hume. Il séjourna près de deux ans au château de Wooton et il y écrivit une partie des *Confessions*. Au bout de ce temps, divers incidents, les tracasseries de la presse de Londres, sa brouillerie avec Hume, le ramenèrent en France, où il comptait quelques hauts protecteurs. Il séjourna d'abord au château de Trye, une possession du prince de Conti, qui lui voulait du bien. De là, il alla en Dauphiné ; après y avoir erré quelque temps, il se décida à retourner à Paris, où il passa dans une solitude profonde les dernières années de sa vie, dans un humble logis de la rue Plâtrière (1770-1778). Il y vivait avec Thérèse, qu'il avait fini par épouser, copiant de la musique, entre son herbier, ses pots de fleurs et son épinette. C'est alors que Bernardin de Saint-Pierre réussit à pénétrer auprès de lui et à gagner sa confiance. Il fit avec lui plus d'une promenade champêtre, ils herborisaient, philosophaient, dînaient d'une omelette. Son humeur noire n'avait cessé d'empirer, et elle avait entièrement obscurci son

jugement. Il en était venu à voir partout les preuves
d'un vaste et ténébreux complot, ourdi pour le diffamer, l'avilir, l'isoler, le rendre un objet d'opprobre
et de haine au genre humain, qu'il était venu rappeler à la vérité et à la vertu.

La puissance de l'écrivain n'avait rien perdu à cette
monomanie, comme on le voit par les *Confessions* et
les *Rêveries du promeneur solitaire*. Les *Confessions*
sont une œuvre unique. Jamais les péripéties d'une
vie privée n'avaient été racontées avec cette ampleur,
ce relief, cette couleur ; et quel intérêt, quelle vie, il
donne à la narration d'événements minimes ; comme
il se peint ; avec quelle fidélité il expose les mobiles
de ses actes et ces sentiments, bas ou douteux, que
l'amour-propre voile ou dénature aux yeux de ceux
qui écrivent sur eux-mêmes. L'orgueil qui a dicté ce
livre est immense ; mais avec toutes ses taches, cette
œuvre de sincérité éclaire d'une vive lumière le cœur
de l'homme ; Rousseau n'avait voulu que se raconter
et il a ajouté une nouvelle branche à la littérature et
introduit dans les lettres françaises le genre intime et
la poésie de la vie familière.

La mort vint le surprendre le 2 juillet 1778, à Ermenonville, où il s'était retiré avec Thérèse, depuis
quelques mois. Elle paraît avoir été douce et naturelle, et ce ne fut que beaucoup plus tard que, sans
preuves suffisantes, on l'attribua à un suicide. Il fut
enseveli dans l'île de l'étang d'Ermenonville, où
M. de Girardin lui éleva un modeste monument. Mais

la mort n'eut pas le pouvoir de faire la paix autour
de ce nom retentissant. L'homme disparu, la renommée du penseur continua à grandir, et dans les dernières années du siècle, elle atteignit des proportions
colossales. Durant la Révolution, sa dépouille mortelle fut transportée au Panthéon avec celle de Voltaire; et ces deux génies, rivaux et divers, désormais
associés à une même gloire, ont été dès lors révérés
comme les initiateurs de la société nouvelle et comme
les fondateurs de l'égalité et de la tolérance.

RODOLPHE REY.

J.-J. ROUSSEAU

PATRIOTE GENEVOIS

Né à Genève le 28 juin 1712, J.-J. Rousseau perdit sa mère quelques jours après sa naissance, et lorsqu'il n'avait encore que dix ans, son père quitta Genève pour s'établir à Nyon où il se remaria. Placé en apprentissage chez un graveur, Jean-Jacques s'enfuit brusquement de Genève en 1728, âgé de 16 ans.

Mais en dépit de ces circonstances qui ne semblaient pas devoir prédisposer le jeune Rousseau à éprouver un attachement bien vif pour le sol natal, la vieille cité dans les murs de laquelle s'étaient écoulés ses premiers ans avait déposé dans son âme des impressions ineffaçables. Après avoir dépeint un divertissement populaire improvisé dans le quartier de Saint-Gervais à la suite d'un exercice de la milice, Rousseau nous dit : « Mon père, en m'embrassant, fut saisi d'un tressaillement que je crois sentir et partager encore. Jean-Jacques, me disait-il, aime ton pays. Vois-tu ces bons Genevois ; ils sont tous amis, ils sont tous frères ; la joie et la concorde règnent au milieu d'eux. Tu es Genevois ; tu verras un jour d'autres peuples ; mais, quand tu voyagerais autant que ton père, tu ne trouveras jamais leur pareil. »

Après avoir mené une existence errante et semée d'aventures, Jean-Jacques traversa rapidement Genève à l'âge de 18 ans. « Je n'allai voir personne, raconte plus tard Rousseau devenu sexagénaire ; mais je fus prêt à me trouver mal sur les ponts. Jamais je n'ai vu les murs de cette heureuse ville, jamais je n'y suis entré sans sentir une certaine défaillance de cœur qui venait d'un excès d'attendrissement. En même temps que la noble image de la liberté m'élevait l'âme, celles de l'égalité, de l'union, de la douceur des mœurs me touchaient jusqu'aux larmes et m'inspiraient un vif regret d'avoir perdu tous ces biens. »

Fixé pendant quelques années à Chambéry, Rousseau reparut de temps à autre à Genève, et en 1737, comme il s'y était rendu pour recueillir sa part de l'héritage maternel, il fut témoin de la prise d'armes qui aboutit au combat meurtrier de la rue du Perron. « Je vis, nous dit-il, le père et le fils sortir armés de la même maison, l'un pour monter à l'Hôtel de ville, l'autre pour se rendre à son quartier, sûrs de se trouver deux heures après l'un vis-à-vis de l'autre, prêts à s'entr'égorger. Ce spectacle affreux fit sur moi une impression si vive que je jurai de ne tremper jamais dans aucune guerre civile. »

En 1750, Rousseau, âgé de 38 ans, sort de l'obscurité volontaire et méditative dans laquelle il s'était renfermé jusqu'alors, en publiant son mémoire sur *La culture des arts et des sciences*. Collaborateur de l'*Encyclopédie*, auteur en l'an 1752 du *Devin du Village*, Rousseau avait déjà conquis un rang distingué dans le monde des lettres, lorsqu'il vint à Genève en 1754 et y séjourna quatre mois.

Rousseau, quelque temps après son exode, à l'âge de 16 ans, pressé par l'aiguillon de la nécessité, avait commis la faiblesse d'abjurer, à Turin, la religion réformée. Il n'avait pas tardé longtemps à regretter sa démarche irréfléchie et il profita de son séjour à Genève, en 1754, pour présenter au Consistoire la demande d'être reçu de nouveau dans le sein de l'Eglise réformée. L'objet de cette requête lui fut accordé le 1er août, après qu'il eut donné des explications jugées satisfaisantes à une commission du Consistoire chargée de l'examiner.

Ce fut aussi alors que Rousseau assista pour la première et la dernière fois à un Conseil général; cette assemblée, du reste, n'avait d'autre objet que de recevoir la prestation de serment du syndic Mussard, absent de Genève pour le service de l'Etat à l'époque légalement fixée pour l'accomplissement de cette cérémonie.

Pendant son séjour de 1754, Rousseau n'eut qu'à se louer de l'accueil que lui firent ses concitoyens. « Je me livrai, dit-il, tout entier à l'enthousiasme républicain qui m'avait ramené. Fêté, caressé dans tous les états, je fus si touché des bontés et des procédés obligeants et honnêtes de tous les magistrats, ministres et citoyens, que, pressé par le bonhomme Deluc qui m'obsédait sans cesse, et encore plus par mon propre penchant, je ne songeai à retourner à Paris que pour mettre en règle mes petites affaires et revenir m'établir à Genève pour le reste de mes jours. »

Diverses raisons, et en particulier la résolution qu'avait prise Voltaire de s'établir aux portes de Genève, détournèrent Rousseau de mettre à exécution ce projet, et nous ne pensons pas que la postérité doive regretter ce changement de détermination. Les compétitions passionnées qui se déchaînaient sur le coin de terre occupé par la petite république n'auraient pu que troubler les méditations d'un homme qui se disposait à remuer tant d'idées ; il fallait qu'il demeurât placé en présence de lui-même et de la société humaine prise dans sa généralité, et non distrait par les préoccupations dérivant de la situation d'une société particulière.

Mais tout en se fixant dans les environs de Paris, Rousseau ne perdait pas de vue ses concitoyens, et il leur donna, en 1755, un gage expressif d'estime et d'attachement en dédiant à la république de Genève son *Discours sur l'origine et les fondements de l'inégalité parmi les hommes*. Voici comme il s'exprime dans sa dédicace :

« Ayant eu le bonheur de naître parmi vous, comment pourrais-je méditer sur l'égalité que la nature a

mise entre les hommes et sur l'inégalité qu'ils ont
instituée, sans penser à la profonde sagesse avec laquelle l'une et l'autre, heureusement combinées dans
votre Etat, concourent de la manière la plus appro-
chante de la loi naturelle et la plus favorable à la
société, au maintien de l'ordre public et au bonheur
des particuliers ? En recherchant les meilleures
maximes que le bon sens puisse dicter sur la constitution d'un gouvernement, j'ai été si frappé de les
voir toutes en exécution dans le vôtre, que même
sans être né dans vos murs, j'aurais cru ne pouvoir
me dispenser d'offrir ce tableau de la société humaine
à celui de tous les peuples qui me paraît en posséder
les plus grands avantages et en avoir le mieux prévenu les abus. »

« Plus je réfléchis sur votre situation civile et politique, et moins je puis imaginer que la nature des
choses humaines puisse en comporter une meilleure.
Votre bonheur est tout fait. il ne faut qu'en jouir et
vous n'avez plus besoin, pour devenir parfaitement
heureux, que de savoir vous contenter de l'être. Votre
constitution est excellente, dictée par la plus sublime
raison et garantie par des puissances amies et respectables. Vous n'avez point d'autres maîtres que de
sages lois que vous avez faites, administrées par des
magistrats intègres qui sont de votre choix. Vous
n'êtes ni assez riches pour vous énerver par la mollesse et perdre dans de vaines délices le goût du vrai
bonheur et des solides vertus, ni assez pauvres pour

avoir besoin de plus de secours étrangers que ne vous en procure votre industrie ; et cette liberté précieuse qu'on ne maintient chez les grandes nations qu'avec des impôts exorbitants, ne vous coûte presque rien à conserver. Puisse durer toujours pour le bonheur de ses citoyens et l'exemple des peuples une république si sagement et si heureusement constituée ! »

L'auteur voyait ici les choses de loin et à travers le prisme enchanteur de son imagination subjuguée par la prévention du patriotisme ; le tableau qu'il traçait, vrai dans plusieurs de ses traits, ne correspondait pas mieux sur tous les points à la condition réelle de notre république qu'à celle d'aucune communauté habitant notre planète.

Bien que le *Discours sur l'inégalité* contînt quelques traits qui durent paraître un peu hardis aux membres du Magnifique Conseil de Genève, ce corps, flatté apparemment par l'hommage inséré dans la dédicace, ne se montra point insensible à l'honneur que lui faisait un compatriote que la faveur publique entourait déjà de son auréole.

« M. le *Premier* (le syndic J.-L. Chouet), lisons-nous dans les registres du 18 juin 1755, a rapporté que M. Saladin, ancien syndic, lui a remis à son retour de Paris, de la part du sieur J.-J. Rousseau, citoyen, le commencement d'un ouvrage imprimé intitulé *Discours sur l'origine et les causes de l'inégalité des conditions,* à la tête duquel est une épître dédicatoire adressée à la république, et qu'il a

reçu une lettre du sieur Rousseau, sous la date du 15,
par laquelle il le prie de jeter les yeux sur ladite
épître dédicatoire et d'en faire le rapport au Conseil.
Opiné sur ledit rapport, l'avis a été que ladite épître
dédicatoire étant imprimée, il n'est pas question de
délibérer sur son contenu, mais que M. le Premier
peut lui répondre que *le Conseil voit avec satisfaction
qu'un de leurs concitoyens s'illustre par des ouvrages
qui manifestent son génie et des talents distingués.* »

Rousseau, à son tour, paraît avoir été très-touché de
l'accueil fait par le Conseil à son ouvrage ; car le 28
juillet, M. le Premier donne lecture d'une lettre du
sieur J.-J. Rousseau, écrite de Paris et à lui adressée,
qui contient ses humbles remerciements de ce qu'il a
bien voulu présenter et faire agréer au Magnifique
Conseil la dédicace de son ouvrage.

Rousseau était donc alors dans les meilleurs termes
avec ses concitoyens de toutes les classes. Ce fut vers
ce temps que des ouvertures lui furent faites par le
docteur Tronchin pour lui faire accepter l'emploi de
bibliothécaire ; Rousseau déclina cette offre, non sans
avoir beaucoup hésité.

Rousseau était en complète harmonie de sentiments
avec la grande généralité de ses concitoyens lorsqu'il
composa en 1756 sa lettre à Voltaire, dans laquelle
il défend contre ce dernier la doctrine de la Providence. C'est aussi comme interprète de la manière de
voir qui prévalait à Genève, qu'en mars 1758 il
publia, en réponse à l'article de *Genève* inséré par

d'Alembert dans l'*Encyclopédie*, sa *Lettre sur les spectacles*, dans laquelle il justifie la résistance que le gouvernement genevois avait jusqu'ici opposée à l'introduction du théâtre. C'est dans cette lettre à d'Alembert que Rousseau glisse cette effusion partie du cœur : « Mon Dieu ! avec le cœur du Genevois, avec une ville aussi riante, un pays aussi charmant, un gouvernement aussi juste, des plaisirs si vrais et si purs et tout ce qu'il faut pour savoir les goûter, à quoi tient-il que nous n'adorions tous la patrie ! »

Rousseau, dans la dédicace de son *Discours sur l'inégalité*, s'était exprimé en termes très-respectueux sur le compte des membres du clergé genevois ; il entretenait une correspondance amicale avec les pasteurs Vernet, Vernes, Perdriau, Sarrasin, Roustan et le ministre Moultou.

Au commencement de l'année 1761, Rousseau publie la *Nouvelle Héloïse*. Cet écrit, qui fonda sa renommée littéraire touchait à certaines questions brûlantes et ne rencontra pas, à Genève, le même accueil indulgent que le précédent.

Nous lisons dans le registre du 26 janvier 1761 : « N. Rilliet, conseiller, ancien du vén. Consistoire, a rapporté qu'il fut chargé de faire connaître à ce Magn. Conseil qu'il paraissait un nouveau livre intitulé la *Nouvelle Héloïse*, par J.-J. Rousseau, lequel on disait être fort dangereux pour les mœurs, que c'était l'avis de ceux du vén. Consistoire qui en avaient lu quelque fragment, que le vén. Consistoire priait le

Conseil de faire ce qu'il jugerait le plus convenable pour empêcher que le mal que ce livre pourrait faire ne se répandît, s'en rapportant entièrement à lui. Sur lequel rapport étant délibéré, l'avis a été de charger le Sr Rilliet de dire au vén. Consistoire qu'étant connu que ce livre a été imprimé en pays étranger, qu'il est extrêmement répandu partout, qu'il serait inutile d'en arrêter le débit dans cette ville, que cependant M. le Lieutenant a été chargé de faire défense aux loueuses de livres de louer ledit livre à personne. »

Rien de plus anodin, pour l'époque, qu'une telle mesure, que le Conseil ne prit pas spontanément et qui semble avoir été dictée par le désir d'être agréable aux pasteurs.

En 1762, Rousseau, âgé de 50 ans, publie en Hollande l'*Emile* et le *Contrat social*. En composant le dernier de ces ouvrages, le seul qui se rapporte directement à la politique, l'auteur n'avait aucune intention agressive à l'égard du gouvernement de sa ville natale, puisqu'il lui rend ce témoignage expressif à la première page : « Heureux, toutes les fois que je médite sur les gouvernements, de trouver toujours dans mes recherches de nouvelles raisons d'aimer celui de mon pays ! »

Le Petit Conseil démêla-t-il par ses propres lumières, dans les deux écrits sortis de la plume de Rousseau, des principes dont il jugeait la propagation incompatible avec le maintien des institutions politiques et religieuses de l'Etat de Genève, ou fut-il mû par des considérations de déférence pour le gouvernement français, le Parlement de Paris ayant condamné l'*Emile* par un arrêt rendu le 9 juin ?

Nous ne le savons. [1] Ce qui est certain, c'est que le 11 juin l'*Emile* et le *Contrat social* furent dénoncés au Conseil de Genève et les exemplaires qui se trouvaient chez les libraires furent saisis.

Le 19 juin, sur les conclusions formulées par le procureur général Jacob-Robert Tronchin, le Conseil, confondant ses attributions administratives avec le mandat de directeur de la conscience publique qu'il s'attribuait mal à propos, et qu'il exerça dans cette occasion d'une façon peu éclairée, rendit un arrêt condamnant l'*Emile* et le *Contrat social* à être lacérés et brûlés par l'exécuteur de la haute justice devant la porte de l'Hôtel de ville, « comme téméraires, imprudents, scandaleux, destructifs de la religion chrétienne et de tous les gouvernements. » Le même arrêt décrétait Rousseau d'arrestation pour le cas où il se trouverait sur les terres de la république.

Sur ces entrefaites, Rousseau, averti à temps de l'arrêt du Parlement qui allait être lancé contre lui, avait quitté précipitamment sa demeure de Montmorency, gagné Yverdon et de là Motiers dans le Val-de-Travers. Ce fut à Motiers que Rousseau écrivit sa

---

[1] Le Conseil ne fut informé officiellement par son ambassadeur de la condamnation de l'*Emile*, à Paris, qu'après qu'il eut ordonné les premières informations ; mais on peut présumer qu'il avait été prévenu officieusement que le jugement allait être prononcé.

lettre à l'archevêque de Paris, Christophe de Beaumont, qui parut en mars 1763. Sur la requête du résident français, le Conseil de Genève prohiba, le 29 avril, l'impression et la circulation de cet écrit.

Près d'un an après la promulgation de la sentence qui l'avait frappé, Rousseau, froissé de ce que les citoyens n'avaient fait aucune démarche publique pour obtenir la réparation du tort qui lui avait été fait, adressa de Motiers, [1] le 12 mai 1763, une lettre au premier syndic Favre, par laquelle il déclarait renoncer à la bourgeoisie de Genève. La fierté et un amer ressentiment l'inspirent lorsqu'il trace ces mots : « J'ai tâché d'honorer le nom genevois ; j'ai tendrement aimé mes compatriotes ; je n'ai rien oublié pour me faire aimer d'eux ; on ne saurait plus mal réussir ; je veux leur complaire jusque dans leur haine. Le dernier sacrifice qui me reste à faire est celui d'un nom qui me fut cher. » Mais la veine pure du patriotisme reparaît dans les lignes qui terminent une lettre que Jean-Jacques ne signa pas sans éprouver un cruel déchirement : « Toutefois ma patrie en me demeurant étrangère ne peut me devenir indifférente ; je lui reste

---

[1] Pour dire toute la vérité, on ne saurait disculper Jean-Jacques d'une certaine injustice à l'égard de ses amis de Genève qui n'étaient point solidaires des actes du Conseil. Dans un accès de mauvaise humeur, il écrivait à Moultou : « Et ces imbéciles bourgeois qui, au lieu de réclamer hautement contre la violation des lois, s'amusent à vouloir me faire dire mon catéchisme, que me veulent-ils ? Je croyais que les Genevois étaient des hommes, ce ne sont que des caillettes. »

attaché par un tendre souvenir et je n'oublie d'elle
que ses outrages. Puisse-t-elle prospérer toujours et
voir augmenter sa gloire ! Puisse-t-elle abonder en
citoyens meilleurs et surtout plus heureux que moi. »
C'est en ces termes que Rousseau prenait congé de
concitoyens qu'il croyait à tort indifférents à ses
épreuves. Le Conseil enregistra sa lettre sans commentaire.

Mais sous l'impression causée par la démarche de
Rousseau, un certain nombre de citoyens, dès le 18
mai, portèrent au Conseil des *représentations* par lesquelles ils déclaraient que le Conseil n'avait pas suivi,
dans les procédures faites contre Rousseau, les règles
prescrites par la Constitution. Ces représentations
ayant été réitérées avec insistance, le Conseil y répon-
dit obstinément dans un sens négatif, et dès ce moment la majorité des citoyens d'une part, les magistrats de l'autre, se trouvèrent parqués en deux
camps hostiles, sous la dénomination de *représentants*
et de *négatifs.* Tronchin prit la plume au mois de
septembre et publia les *Lettres écrites de la Campagne,* par lesquelles il cherchait à justifier la conduite du Conseil.

Ce fut alors que Rousseau, du fond de sa retraite,
vint à la rescousse de ses partisans et lança, en décembre 1764, les *Lettres écrites de la Montagne.* Dans
ce pamphlet étincelant de verve, Rousseau, élargis-
sant le terrain de la discussion, accuse les membres
des Conseils de chercher par une série d'usurpations

à attirer dans leurs mains tout le pouvoir aux dépens des droits du peuple. Rousseau ne ménage pas davantage les ministres qui avaient épousé avec une ardeur déplacée la cause des magistrats : « Puisque les ministres de Genève, écrivait-il à Abauzit, aiment si fort la guerre, ils l'auront. » Cependant, Rousseau est bien éloigné de pousser ses concitoyens à bouleverser imprudemment leurs institutions : « J'ai pris, dit-il, votre Constitution, que je trouvais belle, pour modèle des institutions politiques et vous proposant en exemple à l'Europe, loin de chercher à vous détruire, j'exposais les moyens de vous conserver. »

Le 11 janvier 1765, le procureur général Tronchin, prononçant une allocution à l'occasion de la confirmation du Deux Cents, apostrophe en ces termes Jean-Jacques : « Et vous, sophiste éloquent et injuste, qui êtes né parmi nous, retirez-vous. » Rousseau, lui, était sans rancune ; il écrivait le 12 janvier : « Il paraît à Genève une espèce de désir de se rapprocher de part et d'autre. Plût à Dieu que ce désir fût sincère d'un côté et que j'eusse la joie de voir finir des divisions dont je suis la cause innocente ! »

Cependant les citoyens, voyant que les deux Conseils ne tenaient aucun compte de leurs représentations et se refusaient obstinément à déférer au Conseil général la décision des questions sur lesquelles il y avait litige, s'avisèrent du seul moyen qui fût à leur disposition pour briser l'opiniâtreté des Conseils. Ils refusèrent pendant deux ans de procéder à l'élection

des syndics et des autres magistrats dont la désigna-
tion était dévolue au Conseil général. Les scrutins se
succédaient sans que le nombre requis de suffrages
fût atteint par aucun des candidats présentés par les
Conseils.

Pendant que la lutte prenait ce caractère aigu,
Rousseau ne cessait de donner des conseils à ses
adhérents dans le sens de la modération. Il écrivait à
Deluc- un des chefs des représentants : « Vous êtes
trop gens de bien pour pousser les choses à l'extrême
et ne pas préférer la paix à la liberté. » — « Ne cherchez point, écrit-il dans une autre lettre, à parler de
moi, mais dans les occasions dites à tous nos magistrats que je les respecterai toujours, même injustes.
Je sens dans mes malheurs que je n'ai pas l'âme hai-
neuse, et c'est une consolation pour moi de me sentir
bon aussi dans l'adversité. »

Par suite du refus du Conseil de donner satisfaction
aux demandes de la majorité des citoyens et du refus
de la bourgeoisie d'élire des magistrats, le jeu régulier
de la Constitution était comme suspendu, la situation
devenait intenable. Dans sa perplexité, le Petit Conseil recourut à l'intervention des puissances qui
avaient garanti la Constitution de 1738; le roi de
France offrit ses bons offices.

Rousseau ne pouvait assister que de fort loin aux
péripéties prolongées d'un conflit dont il avait, sans
le savoir, précipité l'explosion. Après qu'il eut transporté ses pénates errants de Motiers à l'île de Saint-

Pierre, le gouvernement bernois lui ayant retiré l'autorisation de séjourner sur ses terres, il s'était mis en route pour chercher un refuge sur le sol hospitalier de l'Angleterre.

Comme il traversait la France, il apprend que Voltaire, qu'il n'aimait guère, s'entremet pour rétablir la bonne intelligence entre les magistrats et la bourgeoisie. Là-dessus, le 30 décembre 1765, il écrit à d'Ivernois : « Plût à Dieu qu'une heureuse réconciliation entre vous, opérée par les soins de cet homme illustre, me faisant oublier tous ses torts, me livrât sans mélange à mon admiration pour lui ! Quel que soit l'homme qui vous rendra la paix et la liberté, il me sera toujours cher et respectable. »

Pendant son séjour en Angleterre, Rousseau fixe encore ses regards sur Genève, et informé que les tractations engagées entre les deux partis s'achoppent à bien des obstacles, il écrit à un des représentants : « Coupez la racine à tous ces maux par des moyens de concorde et de paix. Quant à moi, je ne demande, ni ne désire, ni n'approuve qu'on revienne jamais sur mon affaire, et je ne veux aucune démarche sur un point qui doit rester à jamais dans l'oubli. Votre Etat a besoin de la plus prompte pacification, de plus longs délais vous précipiteront dans les plus grands malheurs. » — « Vos magistrats, écrit-il encore en 1767, se conduisent dans cette affaire comme un peuple forcené, et vous vous conduisez, dans les périls terribles qui vous menacent, avec toute la dignité des plus respectables magistrats. » Ecrivant en janvier 1768 à d'Ivernois, Rousseau conseille aux représentants les plus marquants d'émigrer, si leurs droits sont définitivement méconnus, plutôt que de recourir à une insurrection. « Il est bien à désirer, ajoute-t-il, que la fermentation causée par les derniers écrits n'ait rien de tumultueux. Si les Genevois sont sages, ils tiendront des réunions, mais paisiblement; ils ne se livreront à aucune impétuosité et ne feront aucune démarche brusque. »

Un premier essai de médiation des puissances amies, le roi de France, Berne et Zurich, n'ayant pas abouti, les citoyens d'un côté, et les Conseils de l'autre, pour éviter les deux extrémités également redoutables d'une guerre civile ou d'un arrangement imposé par l'étranger (car il n'y avait plus d'autre issue possible), se résignèrent enfin à entrer en pourparlers par l'organe de délégués, avec l'intention sérieuse d'arriver à une entente. On se fit des concessions mutuelles. Rousseau était tenu au courant des bases proposées pour un arrangement, et dans une lettre adressée à d'Ivernois, donnant essor à son anxiété patriotique, il presse son correspondant d'engager ses amis à souscrire aux conditions présentées. « Au nom de Dieu, faites-moi passer des nouvelles sitôt que le sort de votre pauvre état sera décidé. O la paix, la paix! mon cher ami. Hélas! il n'y a que cela de bon dans cette courte vie. » — « Ne soyez, écrivait-il, ni négatifs, ni représentants. Soyez patriotes. »

Le vœu de Rousseau fut exaucé. Le projet de pacification élaboré par les délégués fut voté par le Conseil général le 11 mars.

Lorsqu'enfin le vote du Conseil général eut mis le sceau à la réconciliation, et que les affaires eurent repris leur cours normal, Rousseau, soulagé d'un grand poids, écrit à d'Ivernois : « Enfin, je respire ; vous aurez la paix et vous l'aurez avec un garant sûr qu'elle sera solide, savoir l'estime publique et celle de vos magistrats qui, vous traitant jusqu'ici comme un peuple ordinaire, n'ont jamais pris sur ce faux préjugé que de fausses mesures. Ils doivent être enfin guéris de cette erreur, et je ne doute pas que le discours tenu par le procureur général (Tronchin) en Deux Cents ne soit sincère. Mes dignes amis, vous avez pris les seuls moyens contre lesquels la force même perd son effet, l'union, la sagesse et le courage. »

La même année, Rousseau revenait en ces termes sur ces événements : « Si j'avais été cru, on n'eût point fait de représentations, car je sentais qu'elles ne pouvaient avoir de suites. J'étais bien éloigné de prévoir le grand et beau spectacle que les représentants viennent de donner à l'univers, et qui, quoi qu'en puissent dire nos contemporains, fera l'admiration de la postérité. Cela devrait bien guérir vos magistrats, d'ailleurs si éclairés et si sages sur tout autre point, de l'erreur de regarder le peuple de Genève comme une populace ordinaire. »

« Le respect pour les magistrats, écrit ailleurs Rousseau, fait dans les républiques la gloire des citoyens, et rien n'est si beau que de savoir se soumettre après avoir prouvé qu'on savait résister. Le peuple de Genève s'est toujours distingué par ce respect pour ses chefs qui le rend lui-même si respectable. C'est à présent qu'il doit ramener dans son sein toutes les vertus sociales que l'amour de l'ordre établit sur l'amour de la liberté. »

En 1756, Rousseau, à l'occasion d'une disette, avait envoyé de Londres 350 florins aux indigents de Genève (c'était le quart de son revenu).

On doit blâmer la démarche par laquelle Rousseau, sous l'impression d'un ressentiment qui n'était que trop fondé, renonça à sa bourgeoisie, et ses amis genevois lui reprochèrent vivement cet abandon d'un titre qu'il avait été longtemps fier de porter. Mais il faut reconnaître que Rousseau répara noblement la faute qu'il avait commise, en employant son influence pour rendre le repos à sa patrie déchirée par la discorde.

A partir de la pacification effectuée en 1768, Rousseau vécut encore dix ans, éloigné de la Suisse, et sans entretenir avec ses compatriotes d'autres rapports que ceux qui résultaient de l'amitié qu'il avait contractée avec plusieurs d'entre eux.

Rousseau étant apparu sur la scène publique genevoise à une époque où de violentes querelles agitaient
la population genevoise, n'a pas pu être jugé impar-
tialement par ceux de ses compatriotes qui furent ses
contemporains. Mais dès longtemps l'heure a sonné
où la masse des Genevois peut acclamer Jean-Jacques Rousseau comme le vulgarisateur éloquent des
principes de sage liberté que l'éducation républicaine
de nos ancêtres n'avait pas peu contribué à mûrir
dans sa belle intelligence.

Dieu merci, les motifs sérieux qui tenaient divisés
les Genevois contemporains de Rousseau ont complé-
tement cessé d'exister. La participation égale de tous
à la vie politique à laquelle aspiraient timidement les
patriotes les plus avancés du siècle dernier, est aujourd'hui pleinement réalisée et consacrée par une
longue expérience. Notre situation politique est bien
préférable à celle de nos ancêtres, qui étaient cependant un objet d'envie pour leurs voisins. Le malaise
dont nous souffrons encore ne peut provenir que de
nos passions, et si Jean-Jacques paraissait au milieu
de nous, il nous dirait, avec plus de raison qu'il ne le
disait à ses contemporains, que nous sommes les seuls
ennemis de notre bien-être.

Puisse le peuple de Genève, fatigué de dissensions
stériles et rompant enfin avec les exagérations de
l'esprit de parti, mettre en pratique, dans la direction
des affaires publiques, ces belles paroles de l'illustre

enfant de Genève : « Ne soyez ni représentants, ni négatifs ; soyez patriotes ! »

Nous ne croyons pouvoir mieux terminer, que par l'expression sincère de ce vœu, notre esquisse de la carrière de J.-J. Rousseau, considéré comme patriote genevois.

AMÉDÉE ROGET.

FRAGMENTS

DES

ŒUVRES DE J.-J. ROUSSEAU

[illegible]

Ressources de Jean-Jacques pour gagner sa vie.

Voyons donc à présent ce qu'il conviendrait de faire dans la situation où je me trouve : en premier lieu, je puis pratiquer la musique, que je sais assez passablement pour cela ; secondement, un peu de talent pour l'écriture (je parle du style) pourrait m'aider à trouver un emploi de secrétaire chez quelque grand seigneur ; enfin je pourrais, dans quelques années, et avec un peu plus d'expérience, servir de gouverneur à des jeunes gens de qualité.

Lettre à son père, 1736.

—

Ses études aux Charmettes.

Soit qu'au premier aspect d'un beau jour près d'éclore
J'aille voir ces coteaux qu'un soleil levant dore,
Soit que vers le midi, chassé par son ardeur,
Sous un arbre touffu je cherche la fraîcheur ;
Là, portant avec moi Montaigne ou La Bruyère,
Je ris tranquillement de l'humaine misère :

Ou bien, avec Socrate et le divin Platon,
Je m'exerce à marcher sur les pas de Caton :
Soit qu'une nuit brillante, en étendant ses voiles,
Découvre à mes regards la lune et les étoiles ;
Alors, suivant de loin La Hire et Cassini,
Je calcule, j'observe, et, près de l'infini,
Sur ces mondes divers que l'éther nous recèle,
Je pousse, en raisonnant, Huyghens et Fontenelle.

. . . .

Toujours également heureux et satisfait,
Je ne désire point un bonheur plus parfait.

. . . .

Tantôt avec Leibnitz, Malebranche et Newton,
Je monte ma raison sur un sublime ton,
J'examine les lois des corps et des pensées ;
Avec Locke je fais l'histoire des idées ;
Avec Képler, Wallis, Barrow, Raynaud, Pascal,
Je devance Archimède, et je suis l'Hospital.
Tantôt, à la physique appliquant mes problèmes,
Je me laisse entraîner à l'esprit des systèmes :
Je tâtonne Descartes et ses égarements,
Sublimes, il est vrai, mais frivoles romans.
J'abandonne bientôt l'hypothèse infidèle,
Content d'étudier l'histoire naturelle.
Là, Pline et Nieuwentit, m'aidant de leur savoir,
M'apprennent à penser, ouvrir les yeux et voir.

. . . .

Ou bien dans Cléveland j'observe la nature,
Qui se montre à mes yeux touchante et toujours pure.
Tantôt aussi, de Spon parcourant les cahiers,
De ma patrie en pleurs je relis les dangers.

. . . .

O vous, tendre Racine ! ô vous, aimable Horace !
Dans mes loisirs aussi vous trouvez votre place ;
Claville, Saint-Aubin, Plutarque, Mézeray,
Despréaux, Cicéron, Pope, Rollin, Barclay,
Et vous, trop doux La Mothe, et toi, touchant Voltaire,
Ta lecture à mon cœur restera toujours chère.
Mais mon goût se refuse à tout frivole écrit
Dont l'auteur n'a pour but que d'amuser l'esprit.

Le verger des Charmettes, 1739.

—

Le métier de précepteur.

M. de Mably demande les conditions sous lesquelles je pourrai me charger de l'éducation de ses
fils : permettez-moi, monsieur, de vous rappeler, à
cet égard, ce que j'ai eu l'honneur de vous dire de
vive voix. Je suis peu sensible à l'intérêt, mais je le
suis beaucoup aux attentions : un honnête homme,
maltraité de la fortune, et qui se fait un amour de
ses devoirs, peut raisonnablement l'espérer, et je
me tiendrai toujours dédommagé selon mon goût
quand on voudra suppléer par des égards à la mé-
diocrité des appointements.

Lettre à M. d'Eybens, 1740.

—

Projet d'éducation.

Le but que l'on doit se proposer dans l'éducation
d'un jeune homme, c'est de lui former le cœur, le
jugement et l'esprit ; et cela dans l'ordre que je les
nomme. La plupart des maîtres, les pédants surtout,
regardent l'acquisition et l'entassement des sciences
comme l'unique objet d'une belle éducation, sans
penser que souvent, comme dit Molière :

Un sot savant est sot plus qu'un sot ignorant.

D'un autre côté, bien des pères, méprisant assez
tout ce qu'on appelle étude, ne se soucient guère
que de former leurs enfants aux exercices du corps
et à la connaissance du monde. Entre ces extrémités
nous prendrons un juste milieu pour conduire monsieur votre fils. Les sciences ne doivent pas être
négligées. Mais aussi elles ne doivent pas précéder
les mœurs, surtout dans un esprit pétillant et plein
de feu, peu capable d'attention jusqu'à un certain
âge, et dont le caractère se trouvera décidé très à
bonne heure. A quoi sert à un homme le savoir de
Varron, si d'ailleurs il ne sait pas penser juste? Que
s'il a eu le malheur de laisser corrompre son cœur,

les sciences sont dans sa tête comme autant d'armes
entre les mains d'un furieux.....

L'usage du monde est aussi d'une nécessité absolue, et d'autant plus pour M. de Sainte-Marie que,
né timide, il a besoin de voir souvent compagnie
pour apprendre à s'y trouver en liberté, et à s'y
conduire avec ces grâces et cette aisance qui carac-
térisent l'homme du monde et l'homme aimable.....

On sait mon goût déclaré pour les sciences, et je
les ai assez cultivées pour avoir dû y faire des progrès pour peu que j'eusse eu de disposition.

On a beau parler au désavantage des études, et
tâcher d'en anéantir la nécessité et d'en grossir les
mauvais effets, il sera toujours beau et utile de
savoir ; et quant au pédantisme, ce n'est pas l'étude
même qui le donne, mais la mauvaise disposition du
sujet. Les vrais savants sont polis ; et ils sont mo-
destes, parce que la connaissance de ce qui leur
manque les empêche de tirer vanité de ce qu'ils ont,
et il n'y a que les petits génies et les demi-savants
qui, croyant de savoir tout, méprisent orgueilleuse-
ment ce qu'ils ne connaissent point. D'ailleurs, le
goût des lettres est d'une grande ressource dans la
vie, même pour un homme d'épée.

Projet pour l'éducation de M. de Sainte-Marie, 1740.

Imperfection des caractères musicaux.

Ce projet tend à rendre la musique plus commode à noter, plus aisée à apprendre, et beaucoup moins diffuse.

Il paraît étonnant que les signes de la musique étant restés aussi longtemps dans l'état d'imperfection où nous les voyons encore aujourd'hui, la difficulté de l'apprendre n'ait pas averti le public que c'était la faute des caractères, et non pas celle de l'art. Il est vrai qu'on a donné souvent des projets en ce genre ; mais de tous ces projets, qui, sans avoir les avantages de la musique ordinaire, en avaient presque tous les inconvénients, aucun, que je sache, n'a jusqu'ici touché le but, soit qu'une pratique trop superficielle ait fait échouer ceux qui l'ont voulu considérer théoriquement, soit que le génie étroit et borné des musiciens ordinaires les ait empêchés d'embrasser un plan général et raisonné, et de sentir les vrais inconvénients de leur art, de la perfection actuelle duquel ils sont d'ailleurs pour l'ordinaire très-entêtés.

Cette quantité de lignes, de clefs, de transpositions, de dièses, de bémols, de bécarres, de mesures simples et composées, de rondes, de blanches, de noires, de croches, de doubles, de triples croches,

de pauses, de demi-pauses, de soupirs, de demi-
soupirs, de quarts de soupirs, etc., donne une foule
de signes et de combinaisons, d'où résultent deux
inconvénients principaux, l'un d'occuper un trop
grand volume, et l'autre de surcharger la mémoire
des écoliers ; de façon que, l'oreille étant formée, et
les organes ayant acquis toute la facilité nécessaire
longtemps avant qu'on soit en état de chanter à
livre ouvert, il s'ensuit que la difficulté est toute
dans l'observation des règles, et non dans l'exécution du chant.

Le moyen qui remédiera à l'un de ces inconvénients remédiera aussi à l'autre ; et dès qu'on aura
inventé des signes équivalents, mais plus simples et
en moindre quantité, ils auront par là même plus
de précision, et pourront exprimer autant de choses
en moins d'espace.

Il est avantageux, outre cela, que ces signes soient
déjà connus, afin que l'attention soit moins partagée,
et faciles à figurer, afin de rendre la musique plus
commode.

Projet de musique chiffrée, 1741.

—

De l'expression musicale.

Vainement le compositeur saura-t-il animer son ouvrage, si la chaleur qui doit y régner ne passe à ceux qui l'exécutent. Le chanteur qui ne voit que des notes dans sa partie n'est point en état de saisir l'*expression* du compositeur, ni d'en donner une à ce qu'il chante, s'il n'en a bien saisi le sens. Il faut entendre ce qu'on lit pour le faire entendre aux autres, et il ne suffit pas d'être sensible en général, si l'on ne l'est en particulier à l'énergie de la langue qu'on parle. Commencez donc par bien connaître le caractère du chant que vous avez à rendre, son rapport au sens des paroles, la distinction de ses phrases, l'accent qu'il a par lui-même, celui qu'il suppose dans la voix de l'exécutant, l'énergie que le compositeur a donnée au poète, et celle que vous pouvez donner à votre tour au compositeur ; alors, livrez vos organes à toute la chaleur que ces considérations vous auront inspirée ; faites ce que vous feriez si vous étiez à la fois le poète, le compositeur, l'acteur et le chanteur, et vous aurez toute l'*expression* qu'il vous est possible de donner à l'ouvrage que vous avez à rendre. De cette manière, il arrivera naturellement que vous mettrez de la délicatesse et des ornements dans les chants qui ne sont qu'élégants et gracieux, du piquant et du feu dans ceux qui sont animés et gais, des gémissements et des plaintes dans ceux qui sont tendres et pathétiques, et toute l'agitation du *forte-piano* dans l'emportement des passions violentes.

Articles écrits pour l'Encyclopédie, *1746.*

—

Regrets d'un vieux Romain.

Socrate avait commencé dans Athènes, le vieux Caton continua dans Rome, de se déchaîner contre ces Grecs artificieux et subtils qui séduisaient la vertu et amollissaient le courage de ses concitoyens. Mais les sciences, les arts et la dialectique prévalurent encore : Rome se remplit de philosophes et d'orateurs ; on négligea la discipline militaire, on méprisa l'agriculture, on embrassa des sectes, et l'on oublia la patrie. Aux noms sacrés de liberté, de désintéressement, d'obéissance aux lois, succédèrent les noms d'Epicure, de Zénon, d'Arcésilas. *Depuis que les savants ont commencé à paraître parmi nous*, disaient leurs propres philosophes, *les gens de bien se sont éclipsés.* Jusqu'alors les Romains s'étaient contentés de pratiquer la vertu ; tout fut perdu quand ils commencèrent à l'étudier.

O Fabricius ! qu'eût pensé votre grande âme, si, pour votre malheur, rappelé à la vie, vous eussiez vu la face pompeuse de cette Rome sauvée par votre bras, et que votre nom respectable avait plus illustrée que toutes ses conquêtes ? « Dieux ! eussiez-vous dit, que sont devenus ces toits de chaume et ces foyers rustiques qu'habitaient jadis la modération et la vertu ? Quelle splendeur funeste a succédé à la simplicité romaine ? quel est ce langage étranger ? quelles sont ces mœurs efféminées ? que signifient ces statues, ces tableaux, ces édifices ? Insensés, qu'avez-vous fait ? Vous, les maîtres des nations, vous vous êtes rendus les esclaves des hommes frivoles que vous avez vaincus ! Ce sont des rhéteurs qui vous gouvernent ! C'est pour enrichir des architectes, des peintres, des statuaires et des histrions, que vous avez arrosé de votre sang la Grèce et l'Asie ! Les dépouilles de Carthage sont la proie d'un joueur de flûte ! Romains, hâtez-vous de renverser ces amphithéâtres ; brisez ces marbres, brûlez ces tableaux, chassez ces esclaves qui vous subjuguent, et dont les funestes arts vous corrompent. Que d'autres mains s'illustrent par de vains talents ; le seul talent digne de Rome est celui de conquérir le monde et d'y faire régner la vertu. Quand Cinéas prit notre sénat pour une assemblée de rois, il ne fut ébloui ni par une pompe vaine, ni par une élé-

gance recherchée ; il n'y entendit point cette éloquence frivole, l'étude et le charme des hommes
futiles. Que vit donc Cinéas de si majestueux ?
O citoyens ! il vit un spectacle que ne donneront
jamais vos richesses ni tous vos arts, le plus beau
spectacle qui ait jamais paru sous le ciel : l'assemblée de deux cents hommes vertueux, dignes de
commander à Rome et de gouverner la terre. »

Discours sur les sciences et les arts, 1749.

———

Finale du Devin du village.

COLETTE.

Avec l'objet de mes amours,
Rien ne m'afflige, tout m'enchante ;
Sans cesse il rit, toujours je chante :
C'est une chaîne d'heureux jours.
Quand on sait bien aimer, que la vie est charmante !
Tel, au milieu des fleurs qui brillent sur son cours,
Un doux ruisseau coule et serpente.
Quand on sait bien aimer, que la vie est charmante !

(On danse.)

COLETTE.

Allons danser sous les ormeaux,
Animez-vous, jeunes fillettes :

> Allons danser sous les ormeaux,
> Galants, prenez vos chalumeaux.
> *(Les villageoises répètent ces quatre vers.)*

COLETTE.

> A la ville on fait bien plus de fracas ;
> Mais sont-ils aussi gais dans leurs ébats ?
> Toujours contents,
> Toujours chantants ;
> Beauté sans fard,
> Plaisir sans art :
> Tous leurs concerts valent-ils nos musettes ?
> Allons danser sous les ormeaux, etc.

LES VILLAGEOISES.

> Allons danser sous les ormeaux,
> Animez-vous, jeunes fillettes :
> Allons danser sous les ormeaux,
> Galants, prenez vos chalumeaux.

Le Devin du village, 1752.

S'il est probable qu'Homère ait su écrire. [1]

Quoi qu'on nous dise de l'invention de l'alphabet grec, je la crois beaucoup plus moderne qu'on ne la fait, et je fonde principalement cette opinion sur le caractère de la langue. Il m'est venu bien souvent

[1] Cité par F.-A. Wolf, dans les *Prolégomènes d'Homère.*

dans l'esprit de douter non-seulement qu'Homère sût écrire, mais même qu'on écrivît de son temps. J'ai grand regret que ce doute soit si formellement démenti par l'histoire de Bellérophon dans l'*Iliade ;* comme j'ai le malheur, aussi bien que le père Hardouin, d'être un peu obstiné dans mes paradoxes, si j'étais moins ignorant, je serais bien tenté d'étendre mes doutes sur cette histoire même, et de l'accuser d'avoir été, sans beaucoup d'examen, interpolée par les compilateurs d'Homère. Non-seulement, dans le reste de l'*Iliade*, on voit peu de traces de cet art, mais j'ose avancer que toute l'*Odyssée* n'est qu'un tissu de bêtises et d'inepties qu'une lettre ou deux eussent réduit en fumée, au lieu qu'on rend ce poème raisonnable et même assez bien conduit, en supposant que ses héros aient ignoré l'écriture. Si l'*Iliade* eût été écrite, elle eût été beaucoup moins chantée, les rapsodes eussent été moins recherchés et se seraient moins multipliés. Aucun autre poète n'a été ainsi chanté, si ce n'est le Tasse, à Venise ; encore n'est-ce que par les gondoliers, qui ne sont pas grands lecteurs. La diversité des dialectes employés par Homère forme encore un préjugé très-fort. Les dialectes distingués par la parole se rapprochent et se confondent par l'écriture ; tout se rapporte insensiblement à un modèle commun. Plus une nation lit et s'instruit, plus ses dialectes s'effacent ; et enfin ils ne restent plus qu'en forme de jargon chez le peuple, qui lit peu et qui n'écrit point.

Or, ces deux poëmes étant postérieurs au siége de Troie, il n'est guère apparent que les Grecs qui firent ce siége connussent l'écriture, et que le poète qui le chanta ne la connût pas. Ces poëmes restèrent longtemps écrits seulement dans la mémoire des hommes ; ils furent rassemblés par écrit assez tard et avec beaucoup de peine. Ce fut quand la Grèce commença d'abonder en livres et en poésie écrite, que tout le charme de celle d'Homère se fit sentir par comparaison. Les autres poètes écrivaient, Homère seul avait chanté, et ces chants divins n'ont cessé d'être écoutés avec ravissement que quand l'Europe s'est couverte de barbares qui se sont mêlés de juger ce qu'ils ne pouvaient sentir.

Essai sur l'origine des langues, 1752 (1).

—

L'éloquence et le gouvernement.

Les langues populaires nous sont devenues aussi parfaitement inutiles que l'éloquence. Les sociétés ont pris leur dernière forme : on n'y change plus rien qu'avec du canon et des écus ; et comme on n'a plus rien à dire au peuple, sinon : *Donnez de l'argent,* on le dit avec des placards au coin des rues, ou des soldats dans les maisons. Il ne faut assembler personne pour cela : au contraire, il faut tenir les sujets épars ; c'est la première maxime de la politique moderne.

Ibidem.

—

Véritable esprit du Discours sur les Sciences.

« La science n'est bonne à rien, et ne fait jamais que du mal ; car elle est mauvaise par sa nature. Elle n'est pas moins inséparable du vice que l'ignorance de la vertu. Tous les peuples lettrés ont toujours été corrompus, tous les peuples ignorants ont été vertueux ; en un mot, il n'y a de vices que parmi les savants, ni d'homme vertueux que celui qui ne sait rien. Il y a donc un moyen pour nous de redevenir honnêtes gens : c'est de nous hâter de proscrire la science et les savants, de brûler nos bibliothèques, fermer nos académies, nos colléges, nos universités, et de nous replonger dans toute la barbarie des premiers siècles. »

Voilà ce que mes adversaires ont très-bien réfuté; aussi jamais n'ai-je dit ni pensé un seul mot de tout cela, et l'on ne saurait rien imaginer de plus opposé à mon système que cette absurde doctrine qu'ils ont la bonté de m'attribuer. Mais voici ce que j'ai dit, et qu'on n'a point réfuté.

Il s'agissait de savoir si le rétablissement des sciences et des arts a contribué à épurer nos mœurs.

En montrant, comme je l'ai fait, que nos mœurs ne se sont point épurées, la question était à peu près résolue.

Mais elle en renfermait implicitement une autre plus générale et plus importante, sur l'influence que la culture des sciences doit avoir en toute occasion sur les mœurs des peuples. C'est celle-ci, dont la première n'est qu'une conséquence, que je me proposai d'examiner avec soin.

Je commençai par les faits, et je montrai que les mœurs ont dégénéré chez tous les peuples du monde à mesure que le goût de l'étude et des lettres s'est étendu parmi eux.

Ce n'était pas assez ; car, sans pouvoir nier que ces choses eussent toujours marché ensemble, on pouvait nier que l'une eût amené l'autre. Je m'appliquai donc à montrer cette liaison nécessaire. Je fis voir que la source de nos erreurs sur ce point vient de ce que nous confondons nos vaines et trompeuses connaissances avec la souveraine intelligence qui voit d'un coup d'œil la vérité de toutes choses.

La science, prise d'une manière abstraite, mérite toute notre admiration; la folle science des hommes n'est digne que de risée et de mépris.....

Le goût des lettres, de la philosophie et des beaux-arts, anéantit l'amour de nos premiers devoirs et de la véritable gloire. Quand une fois les talents ont envahi les honneurs dus à la vertu, chacun veut être un homme agréable, et nul ne se soucie d'être homme de bien.

Préface de Narcisse, 1753.

La langue française.

Quoique nous ayons eu d'excellents poètes et même quelques musiciens qui n'étaient pas sans génie, je crois notre langue peu propre à la poésie, et point du tout à la musique. Je ne crains pas de m'en rapporter sur ce point aux poètes mêmes ; car, quant aux musiciens, chacun sait qu'on peut se dispenser de les consulter sur toute affaire de raisonnement. En revanche, la langue française me paraît celle des philosophes et des sages : elle semble faite pour être l'organe de la vérité et de la raison. Malheur à quiconque offense l'une ou l'autre dans des écrits qui la déshonorent ! Quant à moi, le plus digne hommage que je croie pouvoir rendre à cette belle et sage langue dont j'ai le bonheur de faire usage, est de tâcher de ne la point avilir.

Lettre sur la musique française, 1753.

—

La pitié.

Telle est la force de la pitié naturelle, que les mœurs les plus dépravées ont encore peine à détruire, puisqu'on voit tous les jours dans nos spectacles s'attendrir et pleurer, aux malheurs d'un infortuné, tel qui, s'il était à la place du tyran, aggraverait encore les tourments de son ennemi ; semblable au sanguinaire Sylla, si sensible aux maux qu'il n'avait pas causés, ou à cet Alexandre de Phère qui n'osait assister à la représentation d'aucune tragédie, de peur qu'on ne le vît gémir avec Andromaque et Priam, tandis qu'il écoutait sans émotion les cris de tant de citoyens qu'on égorgeait tous les jours par ses ordres.

> Mollissima corda
> Humano generi dare se natura fatetur,
> Quæ lacrimas dedit.
>
> (JUV., *Sat.* XV, v. 131.)

Mandeville a bien senti qu'avec toute leur morale

les hommes n'eussent jamais été que des monstres,
si la nature ne leur eût donné la pitié à l'appui de
la raison : mais il n'a pas vu que de cette seule qualité découlent toutes les vertus sociales qu'il veut
disputer aux hommes. En effet, qu'est-ce que la
générosité, la clémence, l'humanité, sinon la pitié
appliquée aux faibles, aux coupables, ou à l'espèce
humaine en général? La bienveillance et l'amitié
même sont, à le bien prendre, des productions
d'une pitié constante, fixée sur un objet particulier : car désirer que quelqu'un ne souffre point,
qu'est-ce autre chose que désirer qu'il soit heureux? Quand il serait vrai que la commisération
ne serait qu'un sentiment qui nous met à la place
de celui qui souffre, sentiment obscur et vif dans
l'homme sauvage, développé mais faible dans l'homme civil, qu'importerait cette idée à la vérité de
ce que je dis, sinon de lui donner plus de force?
En effet, la commisération sera d'autant plus
énergique que l'animal spectateur s'identifiera plus
intimement avec l'animal souffrant. Or, il est évi-
dent que cette identification a dû être infiniment
plus étroite dans l'état de nature que dans l'état de
raisonnement. C'est la raison qui engendre l'amour-
propre, et c'est la réflexion qui le fortifie ; c'est elle
qui replie l'homme sur lui-même ; c'est elle qui le
sépare de tout ce qui le gêne et l'afflige. C'est la

philosophie qui l'isole ; c'est par elle qu'il dit en secret, à l'aspect d'un homme souffrant : Péris, si tu veux ; je suis en sûreté. Il n'y a plus que les dangers de la société entière qui troublent le sommeil tranquille du philosophe et qui l'arrachent à son lit. On peut impunément égorger son semblable sous sa fenêtre ; il n'a qu'à mettre ses mains sur ses oreilles et s'argumenter un peu, pour empêcher la nature qui se révolte en lui de l'identifier avec celui qu'on assassine. L'homme sauvage n'a point cet admirable talent ; et, faute de sagesse et de raison, on le voit toujours se livrer étourdiment au premier sentiment de l'humanité. Dans les émeutes, dans les querelles des rues, la populace s'assemble, l'homme prudent s'éloigne ; c'est la canaille, ce sont les femmes des halles qui séparent les combattants, et qui empêchent les honnêtes gens de s'entr'égorger.[1]

Discours sur l'inégalité, 1755.

De l'inégalité parmi les hommes.

J'ai tâché d'exposer l'origine et le progrès de l'inégalité, l'établissement et l'abus des sociétés

---

[1] Dans le livre VIII de ses *Confessions*, Rousseau nous apprend que ce portrait du philosophe, qui s'argumente en se bouchant les oreilles, est Diderot.

politiques, autant que ces choses peuvent se déduire de la nature de l'homme par les seules lumières de la raison, et indépendamment des dogmes sacrés qui donnent à l'autorité souveraine la sanction du droit divin. Il suit de cet exposé que l'inégalité, étant presque nulle dans l'état de nature, tire sa force et son accroissement du développement de nos facultés et des progrès de l'esprit humain, et devient enfin stable et légitime par l'établissement de la propriété et des lois. Il suit encore que l'inégalité morale, autorisée par le seul droit positif, est contraire au droit naturel toutes les fois qu'elle ne concourt pas en même proportion avec l'inégalité physique ; distinction qui détermine suffisamment ce qu'on doit penser à cet égard de la sorte d'inégalité qui règne parmi tous les peuples policés, puisqu'il est manifestement contre la loi de nature, de quelque manière qu'on la définisse, qu'un enfant commande à un vieillard, qu'un imbécile conduise un homme sage, et qu'une poignée de gens regorge de superfluités, tandis que la multitude affamée manque du nécessaire.

Ibidem.

Du goût des conquêtes.

Le goût des conquêtes, engendré souvent par une autre espèce d'ambition que celle qu'il semble annoncer, n'est pas toujours ce qu'il paraît être, et n'a pas tant pour véritable motif le désir apparent d'agrandir la nation que le désir caché d'augmenter au dedans l'autorité des chefs, à l'aide de l'augmentation des troupes et à la faveur de la diversion que font les objets de la guerre dans l'esprit des citoyens.

Ce qu'il y a du moins de très-certain, c'est que rien n'est si foulé ni si misérable que les peuples conquérants, et que leurs succès mêmes ne font qu'augmenter leurs misères : quand l'histoire ne nous l'apprendrait pas, la raison suffirait pour nous démontrer que plus un Etat est grand, et plus les dépenses y deviennent proportionnellement fortes et onéreuses ; car il faut que toutes les provinces fournissent leur contingent aux frais de l'administration générale, et que chacune, outre cela, fasse pour la sienne particulière la même dépense que si elle était indépendante.

De l'économie politique, 1755.

Difficulté matérielle d'un établissement à Genève.

Je ne reçois pas une de vos lettres qui ne ranime le désir sincère que j'ai toujours eu d'aller finir mes jours dans ma patrie. Il me serait doux d'y profiter des charmes de votre société et de mériter par mon attachement pour vous les sentiments favorables dont vous m'honorez : mais il faut vous parler avec confiance, ce projet me paraît impraticable, et je crains qu'il ne soit pour moi une de ces aimables chimères qu'on ne réalise point, mais qui ne laissent pas de répandre sur la vie un bonheur véritable par l'espoir de celui qu'on se promet..... Je n'ai exactement pas un sou pour subsister que ce que me produit ma copie de musique, et, si je suis paresseux un jour, il faut jeûner le lendemain. Je conviens que je pourrais trouver pour vivre des moyens peut-être moins pénibles pour un autre, mais qui le seraient encore plus pour moi. Je ne doute pas même que les bontés de mes compatriotes ne me facilitassent à Genève les ressources que je pourrais chercher ; mais ma résolution là-dessus est irrévocable, j'ai pris mes mesures sur tous les événements, et, comme je sais vivre pauvre, je saurai mourir indépendant, et ne veux changer ni de maximes ni de métier. Tout cela posé, vous sentez, Monsieur, combien il serait imprudent de me transplanter dans un pays où je serais peut-être sans occupation, et où du moins je ne serais jamais sûr que ceux qui m'en donneraient ne songeraient pas plus à mon utilité qu'à la leur, doute qui suffirait pour me faire abandonner sur-le-champ mon métier et par conséquent toute ma ressource.....

Il y a donc apparence que, malgré mes plus ardents désirs, j'achèverai mes jours à Paris.

Lettre au professeur Jalabert, 1755 (Œuvres et correspondance inédites, publiées par Streckeisen-Moultou, 1861).

—

La tolérance.

Je suis indigné, comme vous, que la foi de chacun ne soit pas dans la plus parfaite liberté, et que l'homme ose contrôler l'intérieur des consciences où il ne saurait pénétrer, comme s'il dépendait de nous de croire ou de ne pas croire dans des matières où la démonstration n'a point lieu, et qu'on pût jamais asservir la raison à l'autorité. Les rois de ce monde ont-ils donc quelque inspection dans l'autre, et sont-ils en droit de tourmenter leurs sujets ici-bas pour les forcer d'aller en paradis? Non ; tout gouvernement humain se borne, par sa nature, aux devoirs civils, et, quoi qu'en ait pu dire le sophiste Hobbes, quand un homme sert bien l'Etat, il ne doit compte à personne de la manière dont il sert Dieu.

Lettre à Voltaire sur l'optimisme, 1756.

———

Opposition entre Voltaire et Rousseau.

Vous nous avez donné, dans votre poëme sur la *Religion naturelle*, le catéchisme de l'homme ; donnez-nous maintenant, dans celui que je vous propose, le catéchisme du citoyen. C'est une matière à méditer longtemps, et peut-être à réserver pour le dernier de vos ouvrages, afin d'achever, par un bienfait au genre humain, la plus brillante carrière que jamais homme de lettres ait parcourue.

Je ne puis m'empêcher, Monsieur, de remarquer à ce propos une opposition bien singulière entre vous et moi dans le sujet de cette lettre. Rassasié de gloire et désabusé des vaines grandeurs, vous vivez libre au sein de l'abondance ; bien sûr de votre immortalité, vous philosophez paisiblement sur la nature de l'âme ; et si le corps ou le cœur souffre, vous avez Tronchin pour médecin et pour ami : vous ne trouvez pourtant que mal sur la terre. Et moi, homme obscur, pauvre, et tourmenté d'un mal sans remède, je médite avec plaisir dans ma retraite, et trouve que tout est bien. D'où viennent ces contradictions apparentes? Vous l'avez vous-même expliqué : vous jouissez, mais j'espère; et l'espérance embellit tout.

Ibidem.

Bienfaits de la vie sociale.

Vous me demanderez peut-être si un homme qui n'aurait rien reçu de la société pourrait lui devoir quelque chose. Mais considérez, je vous prie, qu'une telle supposition n'est bonne à rien quand elle roule sur l'impossible ; et chacun voit qu'il est de toute impossibilité qu'un homme naisse, vive et se conserve au sein de la société sans rien tenir d'elle. C'est à tort qu'il allèguera sa pauvreté, ses maux, son infortune ; l'Etat lui répondra : « Peut-être aurait-il mieux valu pour vous naître au fond d'un désert ; mais vous êtes dans mon sein, vous y avez vécu, et vous n'y pouviez vivre si je ne vous avais conservé ; il fallait quitter la vie si elle vous était à charge, ou le pays si les lois vous en semblaient trop dures ; mourez ou partez si vous voulez ne me rien 'devoir pour l'avenir, mais donnez-moi le prix de trente ans de vie dont vous avez joui par mon assistance ; en attendant que vous ne soyez plus, vous me devez ce que vous avez été. »

Ne nous regardons point comme ces hommes primitifs et imaginaires qui n'avaient besoin de personne parce que la nature seule pourvoyait à tout. La nature a pour ainsi dire abandonné ses fonctions sitôt que nous les avons usurpées. L'homme social est trop faible pour pouvoir se passer des autres, il a besoin de tout, dès l'instant de sa naissance jusqu'à celui de sa mort, et riche ou pauvre, il ne pourrait subsister, s'il ne recevait rien d'autrui.

Je ne dois point non plus me croire quitte avec tout le monde sous prétexte que ceux qui m'ont servi n'ont regardé qu'à leur plaisir ou qu'à leur intérêt : cela peut être vrai pour les particuliers, non pour le corps de la société qui regarde à tous ses membres, et par conséquent à moi comme à vous dans tout ce qu'elle fait pour elle-même.

Or, ce n'est pas comme particuliers que nous sommes tous débiteurs les uns des autres, mais comme membres de la société à laquelle chacun doit tout. D'ailleurs le prix dont on paie tous les secours qu'on reçoit est lui-même un don de la société. Un homme peut-il rien posséder sans le concours et le consentement des autres? Sans ce contrat tacite qu'ils ont passé, il n'y aurait ni gain, ni propriété, ni véritable industrie. Dans l'état de nature, rien n'existe que le nécessaire, et tout le superflu qu'on voit parmi nous n'est point la somme des travaux des particuliers, mais le produit de l'industrie générale, qui fait, avec cent bras agissant de concert, plus que cent hommes ne pourraient faire séparément.

Vous me parlerez, je le prévois, des désordres de l'état social, où le bien public sert de prétexte à tant de maux ; mais il faut distinguer l'ordre civil de ses abus ; et de ce que tous ne rendent pas à la société ce qu'ils lui doivent, on ne peut pas conclure que nous ne lui devons rien ; et ce n'est pas à elle qu'il faut nous en prendre si, ne faisant rien de ce qu'elle ordonne, nous nous rendons malheureux en l'offensant..... Combien de maux nous paraissent affreux qui ne sont rien par eux-mêmes; combien d'hommes gémissent de leur sort qui pourraient être heureux sans changer d'état et ont à se plaindre de leur raison bien plus que de la fortune !... Une preuve que tant de malheurs sont la plupart imaginaires, c'est que la même condition qui fait le désespoir de celui qui s'y trouve ferait, telle qu'elle est, le bonheur de cent autres. On ne compare point ce qu'on est, ni à ses besoins, ni à l'état d'autrui, mais à ce qu'on était ou à ce qu'on voulait être ; l'ambition compte toujours pour rien ce qu'elle acquiert et pour tout ce qui lui échappe.

Mais un avantage infiniment supérieur à tous les biens physiques, et que nous tenons incontestablement de l'harmonie du genre humain, est celui de parvenir, par la communication des idées et le progrès de la raison, jusqu'aux régions intellectuelles, d'acquérir les notions sublimes de l'ordre, de la sagesse et de la bonté morale; de nourrir nos sentiments du fruit de nos connaissances, de nous élever par la grandeur de l'âme au-dessus des faiblesses de la nature, et d'égaler à certains égards, par l'art du raisonnement, les célestes intelligences; enfin de pouvoir, à force de combattre et de vaincre nos passions, dominer l'homme et imiter la divinité même. Ainsi, ce commerce continuel d'échanges, de soins, de secours et d'instructions nous soutient quand nous ne pouvons plus nous soutenir nous-mêmes, nous éclaire quand nous avons besoin d'être éclairés, et met en notre pouvoir des biens d'un prix inestimable, qui nous font mépriser ceux que nous n'avons plus. Voilà les vrais dédommagements qui consolent un honnête homme au sein du malheur, des pertes de la nature et des abus de la société. L'antique vigueur de ses membres passe dans ses facultés, sa raison croît sur les ruines d'un corps débile; si l'on donne des entraves à sa liberté, son cœur acquiert un nouvel empire ; il obéit à la voix du plus fort, mais il commande à ses passions, et tandis qu'on l'opprime ici-bas, son âme pure s'élance dans le séjour céleste et jouit d'avance du prix de sa vertu. C'est Hercule qui se sent à la fois brûler sur son bûcher et devenir dieu.

Ainsi le bien et le mal coulent de la même source ; mais la mesure n'est pas égale pour tous. Le sage, tourmenté par les méchants, sent pourtant qu'il ne serait qu'une brute s'il n'avait rien reçu d'autrui, et il y a bien peu de maux qui puissent balancer chez un homme de courage les dons de l'âme et l'espoir des biens à venir.....

Tels sont les liens indissolubles qui nous unissent tous et font dépendre notre existence, notre conservation, nos lumières, notre fortune, notre bonheur et généralement tous nos biens et nos maux des relations sociales. Je crois donc qu'en devenant homme civil, j'ai contracté une dette immense avec le genre humain, que ma vie et toutes ses commodités que je tiens de lui doivent être consacrées à son service ; je vois de plus que si je puis me procurer une sorte de bien-être exclusif et quelques plaisirs douteux en sacrifiant tout à moi seul, je ne pourrais m'assurer un état de paix et une félicité durable que dans une société bien ordonnée ; je vois que si je ne respecte pas en autrui les droits que je veux qu'on respecte en moi, je me rends le commun ennemi de tous et n'ai d'autre sécurité, dans l'inique possession de mes biens, que celle des brigands qui dévorent dans leurs cavernes les dépouilles des infortunés. Ce devoir sacré que la raison m'oblige à reconnaître n'est point proprement un devoir de particulier à particulier, mais il est général et commun comme le droit qui me l'impose. Car les individus à qui je dois la vie, et ceux qui m'ont fourni le nécessaire, et ceux qui ont cultivé mon âme, et ceux qui m'ont communiqué leurs talents peuvent n'être plus ; mais les lois qui protégèrent mon enfance ne meurent point ; les bonnes mœurs dont j'ai reçu l'heureuse habitude, les secours que j'ai trouvés prêts au besoin, la liberté civile dont j'ai joui, tous les biens que j'ai acquis, tous les plaisirs que j'ai goûtés, je les dois à cette police universelle qui dirige les soins publics à l'avantage de tous les hommes, qui prévoyait mes besoins avant ma naissance, et qui fera respecter mes cendres après ma mort. Ainsi mes bienfaiteurs peuvent mourir, mais tant qu'il y a des hommes, je suis obligé de rendre à l'humanité les bienfaits que j'ai reçus d'elle.

Lettres sur le bonheur, 1756 (Streckeisen-Moultou).

—

Le bonheur du sage.

C'est en vain qu'on cherche au loin son bonheur quand on néglige de le cultiver en soi-même, car il a beau venir du dehors, il ne peut se rendre sensible qu'autant qu'il trouve au dedans une âme propre à le goûter.

Ce principe dont je vous parle ne me sert pas seulement à diriger mes actions présentes sur la règle qu'il me prescrit, mais encore à faire une juste estimation de ma conduite passée, la blâmant souvent quoique bonne en apparence, l'approuvant quelquefois quoique condamnée des hommes, et ne me rappelant les événements de ma jeunesse que comme une mémoire locale des diverses affections qu'ils ont occasionnées en moi.

A mesure que j'avance vers le terme de ma carrière, je sens affaiblir tous les mouvements qui m'ont soumis si longtemps à l'empire des passions. Après avoir épuisé tout ce que peut éprouver de bien et de mal un être sensible, je perds peu à peu la vue et l'attente d'un avenir qui n'a plus de quoi me flatter, les désirs s'éteignent avec l'espérance, mon existence n'est plus que dans ma mémoire ; je ne vis plus que de ma vie passée, et sa durée cesse de m'être chère depuis que mon cœur n'a rien à sentir de nouveau.

Dans cet état, il est naturel que j'aime à tourner les yeux sur le passé, duquel je tiens désormais tout mon être ; c'est alors que mes erreurs se corrigent et que le bien et le mal se font sentir à moi sans mélange et sans préjugés.

Tous les faux jugements que les passions m'ont fait faire s'évanouissent avec elles. Je vois les objets qui m'ont affecté, non tels qu'ils m'ont paru durant mon délire, mais tels qu'ils sont réellement ; le souvenir de mes actions bonnes ou mauvaises me fait un bien-être ou un mal-être durable plus réel que celui qui en fut l'objet.

Ainsi les plaisirs d'un moment m'ont souvent préparé de longs repentirs ; ainsi les sacrifices faits à l'honnêteté et à la justice me dédommagent tous les jours de ce qu'ils m'ont une fois coûté et, pour de courtes privations, me donnent d'éternelles jouissances.

Ibidem.

Réflexions sur l'homme.

L'erreur de la plupart des moralistes fut toujours de prendre l'homme pour un être essentiellement raisonnable. L'homme n'est qu'un être sensible qui consulte uniquement ses passions pour agir, et à qui la raison ne sert qu'à pallier les sottises qu'elles lui font faire.....

Si l'homme vivait isolé, il aurait peu d'avantages sur les autres animaux. C'est dans la fréquentation mutuelle que se développent les plus sublimes facultés et que se montre l'excellence de sa nature. En ne songeant qu'à pourvoir à ses besoins, il acquiert par le commerce de ses semblables, avec les lumières qui doivent l'éclairer, les sentiments qui doivent le rendre heureux. En un mot, ce n'est qu'en devenant sociable qu'il devient un être moral, un animal raisonnable, le roi des autres animaux et l'image de Dieu sur la terre.

1756 (Streckeisen-Moultou).

—

L'harmonie du style.

(A propos des épreuves de la Lettre sur les spectacles.*)*

Page 186, ligne 5, *femmes*, je n'avais point mis cette *s* ; ôtez-la. Vous me direz qu'elle est fort indifférente, et vous avez raison quant au sens, mais, outre que le singulier est plus élégant, ce pluriel ajoute dans la phrase une syllabe qui en gâte absolument l'harmonie, et l'harmonie me paraît d'une si grande importance en fait de style que je la mets immédiatement après la clarté, même avant la correction.

Lettre à M. Rey, libraire, 1758 (Lettres inédites,
publiées par Bosscha, 1858).

Influence du théâtre.

La scène, en général, est un tableau des passions humaines, dont l'original est dans tous les cœurs : mais si le peintre n'avait soin de flatter ces passions, les spectateurs seraient bientôt rebutés, et ne voudraient plus se voir sous un aspect qui les fît mépriser d'eux-mêmes. Que s'il donne à quelques-unes des couleurs odieuses, c'est seulement à celles qui ne sont point générales, et qu'on hait naturellement. Ainsi l'auteur ne fait encore en cela que suivre le sentiment du public ; et alors ces passions de rebut sont toujours employées à en faire valoir d'autres, sinon plus légitimes, du moins plus au gré des spectateurs. Il n'y a que la raison qui ne soit bonne à rien sur la scène. Un homme sans passions, ou qui les dominerait toujours, n'y saurait intéresser personne ; et l'on a déjà remarqué qu'un stoïcien, dans la tragédie, serait un personnage insupportable : dans la comédie, il ferait rire tout au plus.

Qu'on n'attribue donc pas au théâtre le pouvoir de changer des sentiments ni des mœurs qu'il ne peut que suivre et embellir. Un auteur qui voudrait heurter le goût général composerait bientôt pour lui seul. Quand Molière corrigea la scène comique, il attaqua des modes, des ridicules ; mais il ne choqua pas pour cela le goût du public, il le suivit ou le développa, comme fit aussi Corneille de son côté. C'était l'ancien théâtre qui commençait à choquer ce goût, parce que, dans un siècle devenu plus poli, le théâtre gardait sa première grossièreté. Aussi, le goût général ayant changé depuis ces deux auteurs, si leurs chefs-d'œuvre étaient encore à paraître, tomberaient-ils infailliblement aujourd'hui. Les connaisseurs ont beau les admirer toujours, si le public les admire encore, c'est plus par honte de s'en dédire que par un vrai sentiment de leurs beautés. On dit que jamais une bonne pièce ne tombe : vraiment je le crois bien, c'est que jamais une bonne pièce ne choque les mœurs de son temps. Qui est-ce qui doute que sur nos théâtres la meilleure pièce de Sophocle ne tombât tout à plat? On ne saurait se mettre à la place des gens qui ne nous ressemblent point.

Tout auteur qui veut nous peindre des mœurs

étrangères a pourtant grand soin d'approprier sa pièce aux nôtres. Sans cette précaution, l'on ne réussit jamais, et le succès même de ceux qui l'ont prise a souvent des causes bien différentes de celles que lui suppose un observateur superficiel. Quand *Arlequin sauvage* est si bien accueilli des spectateurs, pense-t-on que ce soit par le goût qu'ils prennent pour le sens et la simplicité de ce personnage, et qu'un seul d'entre eux voulût pour cela lui ressembler ? C'est, tout au contraire, que cette pièce favorise leur tour d'esprit, qui est d'aimer et rechercher les idées neuves et singulières. Or, il n'y en a point de plus neuves pour eux que celles de la nature. C'est précisément leur aversion pour les choses communes qui les ramène quelquefois aux choses simples.

Il s'ensuit de ces premières observations que l'effet général du spectacle est de renforcer le caractère national, d'augmenter les inclinations naturelles, et de donner une nouvelle énergie à toutes les passions. En ce sens, il semblerait que, cet effet se bornant à charger et non changer les mœurs établies, la comédie serait bonne aux bons et mauvaise aux méchants. Encore, dans le premier cas, resterait-il toujours à savoir si les passions trop irritées ne dégénèrent point en vices. Je sais que la poétique du théâtre prétend faire tout le contraire, et purger les passions en les excitant : mais j'ai peine à bien concevoir cette règle. Serait-ce que, pour devenir tempérant et sage, il faut commencer par être furieux et fou ?

« Eh! non, ce n'est pas cela, disent les partisans du théâtre. La tragédie prétend bien que toutes les passions dont elle fait des tableaux nous émeuvent, mais elle ne veut pas toujours que notre affection soit la même que celle du personnage tourmenté par une passion. Le plus souvent, au contraire, son but est d'exciter en nous des sentiments opposés à ceux qu'elle prête à ses personnages. » Ils disent encore que, si les auteurs abusent du pouvoir d'émouvoir les cœurs pour mal placer l'intérêt, cette faute doit être attribuée à l'ignorance et à la dépravation des artistes, et non point à l'art. Ils disent enfin que la peinture fidèle des passions et des peines qui les accompagnent suffit seule pour nous les faire éviter avec tout le soin dont nous sommes capables.

Il ne faut, pour sentir la mauvaise foi de toutes ces réponses, que consulter l'état de son cœur à la fin d'une tragédie. L'émotion, le trouble et l'attendrissement, qu'on sent en soi-même, et qui se prolongent après la pièce, annoncent-ils une disposition bien prochaine à surmonter et régler nos passions? Les impressions vives et touchantes dont nous prenons l'habitude, et qui reviennent si souvent, sont-elles bien propres à modérer nos sentiments au besoin? Pourquoi l'image des peines qui naissent des passions effacerait-elle celle des transports de plaisir et de joie qu'on en voit aussi naître, et que les auteurs ont soin d'embellir encore pour rendre leurs pièces plus agréables? Ne sait-on pas que toutes les passions sont sœurs, qu'une seule suffit pour en exciter mille, et que les combattre l'une par l'autre n'est qu'un moyen de rendre le cœur plus sensible à toutes? Le seul instrument qui serve à les purger est la raison; et j'ai déjà dit que la raison n'avait nul effet au théâtre. Nous ne partageons pas les affections de tous les personnages, il est vrai; car, leurs intérêts étant opposés, il faut bien que l'auteur nous en fasse préférer quelqu'un, autrement nous n'en prendrions point du tout : mais, loin de choisir pour cela les passions qu'il veut nous faire aimer, il est forcé de choisir celles que nous aimons. Ce que j'ai dit du genre des spectacles doit s'entendre encore de l'intérêt qu'on y fait régner. A Londres, un drame intéresse en faisant haïr les Français; à Tunis, la belle passion serait la piraterie; à Messine, une vengeance bien savoureuse; à Goa, l'honneur de brûler les Juifs. Qu'un auteur choque ces maximes, il pourra faire une fort belle pièce où l'on n'ira point : et c'est alors qu'il faudra taxer cet auteur d'ignorance, pour avoir manqué à la première loi de son art, à celle qui sert de base à toutes les autres, qui est de réussir. Ainsi le théâtre purge les passions qu'on n'a pas, et fomente celles qu'on a. Ne voilà-t-il pas un remède bien administré ?

Lettre à d'Alembert sur les spectacles, 1758.

—

L'artiste dramatique.

Qu'est-ce que le talent du comédien ? L'art de se contrefaire, de revêtir un autre caractère que le sien, de paraître différent de ce qu'on est, de se passionner de sang-froid, de dire autre chose que ce qu'on pense, aussi naturellement que si l'on le pensait réellement, et d'oublier enfin sa propre place à force de prendre celle d'autrui. Qu'est-ce que la profession du comédien ? Un métier par lequel il se donne en représentation pour de l'argent, se soumet à l'ignominie et aux affronts qu'on achète le droit de lui faire, et met publiquement sa personne en vente. J'adjure tout homme sincère de dire s'il ne sent pas au fond de son âme qu'il y a dans ce trafic de soi-même quelque chose de servile et de bas. Vous autres philosophes, qui vous prétendez si fort au-dessus des préjugés, ne mourriez-vous pas tous de honte, si, lâchement travestis en rois, il vous fallait aller faire aux yeux du public un rôle différent du vôtre, et exposer vos majestés aux huées de la populace? Quel est donc, au fond, l'esprit que le comédien reçoit de son état? un mélange de bassesse, de fausseté, de ridicule orgueil et d'indigne avilissement, qui le rend propre à toutes sortes de personnages, hors le plus noble de tous, celui d'homme, qu'il abandonne.

Je sais que le jeu du comédien n'est pas celui d'un fourbe qui veut en imposer, qu'il ne prétend pas qu'on le prenne en effet pour la personne qu'il représente, ni qu'on le croie affecté des passions qu'il imite, et qu'en donnant cette imitation pour ce qu'elle est, il la rend tout à fait innocente. Aussi ne l'accusé-je pas d'être précisément un trompeur, mais de cultiver, pour tout métier, le talent de tromper les hommes et de s'exercer à des habitudes qui, ne pouvant être innocentes qu'au théâtre, ne servent partout ailleurs qu'à mal faire. Ces hommes si bien parés, si bien exercés au ton de la galanterie et aux accents de la passion, n'abuseront-ils jamais de cet art pour séduire de jeunes personnes? Ces valets filous, si subtils de la langue et de la main sur la scène, dans les besoins d'un métier plus dispendieux que lucratif, n'auront-ils jamais de distractions utiles? Ne prendront-ils jamais la bourse d'un fils prodigue, ou d'un père avare pour celle de Léandre ou d'Argan? Partout la tentation de mal faire augmente avec la facilité ; et il faut que les comédiens soient plus vertueux que les autres hommes, s'ils ne sont pas plus corrompus.

L'orateur, le prédicateur, pourra-t-on me dire encore, paient de leur personne ainsi que le comédien. La différence est très-grande. Quand l'orateur se montre, c'est pour parler, et non pour se donner en spectacle : il ne représente que lui-même, il ne fait que son propre rôle, ne parle qu'en son propre nom, ne dit ou ne doit dire que ce qu'il pense : l'homme et le personnage étant le même être, il est à sa place ; il est dans le cas de tout autre citoyen qui remplit les fonctions de son état. Mais un comédien sur la scène, étalant d'autres sentiments que les siens, ne disant que ce qu'on lui fait dire, représentant souvent un être chimérique, s'anéantit, pour ainsi dire, s'annule avec son héros ; et, dans cet oubli de l'homme, s'il en reste quelque chose, c'est pour être le jouet des spectateurs. Que dirai-je de ceux qui semblent avoir peur de valoir trop par eux-mêmes, et se dégradent jusqu'à représenter des personnages auxquels ils seraient bien fâchés de ressembler ? C'est un grand mal sans doute de voir tant de scélérats dans le monde faire des rôles d'honnêtes gens ; mais y a-t-il rien de plus odieux, de plus choquant, de plus lâche, qu'un honnête homme à la comédie faisant le rôle d'un scélérat, et dé-

ployant tout son talent pour faire valoir de
criminelles maximes, dont lui-même est pénétré
d'horreur?

Ibidem.

Spectacles convenables à une république.

Quoi ! ne faut-il donc aucun spectacle dans une
république? Au contraire, il en faut beaucoup. C'est
dans les républiques qu'ils sont nés, c'est dans leur
sein qu'on les voit briller avec un véritable air de
fête. A quels peuples convient-il mieux de s'assembler souvent et de former entre eux les doux liens
du plaisir et de la joie, qu'à ceux qui ont tant de
raisons de s'aimer et de rester à jamais unis? Nous
avons déjà plusieurs de ces fêtes publiques ; ayons-
en davantage encore, je n'en serai que plus charmé.
Mais n'adoptons point ces spectacles exclusifs qui
renferment tristement un petit nombre de gens
dans un antre obscur; qui les tiennent craintifs et
immobiles dans le silence et l'inaction ; qui n'offrent
aux yeux que cloisons, que pointes de fer, que soldats, qu'affligeantes images de la servitude et de
l'inégalité. Non, peuples heureux, ce ne sont pas là
vos fêtes. C'est en plein air, c'est sous le ciel qu'il

faut vous rassembler et vous livrer au doux sentiment de votre bonheur. Que vos plaisirs ne soient
efféminés ni mercenaires, que rien de ce qui sent la
contrainte et l'intérêt ne les empoisonne, qu'ils
soient libres et généreux comme vous, que le soleil
éclaire vos innocents spectacles ; vous en formerez
un vous-mêmes, le plus digne qu'il puisse éclairer.

Mais quels seront enfin les objets de ces spectacles ? qu'y montrera-t-on ? Rien, si l'on veut. Avec
la liberté, partout où règne l'affluence, le bien-être
y règne aussi. Plantez au milieu d'une place un pi-
quet couronné de fleurs, rassemblez-y le peuple, et
vous aurez une fête. Faites mieux encore : donnez
les spectateurs en spectacle ; rendez-les acteurs
eux-mêmes ; faites que chacun se voie et s'aime
dans les autres, afin que tous en soient mieux unis.
Je n'ai pas besoin de renvoyer aux jeux des anciens
Grecs : il en est de plus modernes, il en est d'exis-
tants encore, et je les trouve précisément parmi
nous. Nous avons tous les ans des revues, des prix
publics, des rois de l'arquebuse, du canon, de la
navigation. On ne peut trop multiplier des établis-
sements si utiles et si agréables, on ne peut trop
avoir de semblables rois. Pourquoi ne ferions-nous
pas, pour nous rendre dispos et robustes, ce que
nous faisons pour nous exercer aux armes ? La république a-t-elle moins besoin d'ouvriers que de sol-

dats? Pourquoi, sur le modèle des prix militaires, ne fonderions-nous pas d'autres prix de gymnastique pour la lutte, pour la course, pour le disque, pour divers exercices du corps? Pourquoi n'animerions-nous pas nos bateliers par des joûtes sur le lac? Y aurait-il au monde un plus brillant spectacle que de voir sur ce vaste et superbe bassin des centaines de bateaux, élégamment équipés, partir à la fois, au signal donné, pour aller enlever un drapeau arboré au but, puis servir de cortége au vainqueur revenant en triomphe recevoir le prix mérité? Toutes ces sortes de fêtes ne sont dispendieuses qu'autant qu'on le veut bien, et le seul concours les rend assez magnifiques. Cependant il faut y avoir assisté chez le Genevois pour comprendre avec quelle ardeur il s'y livre. On ne le reconnaît plus : ce n'est plus ce peuple si rangé qui ne se départ point de ses règles économiques; ce n'est plus ce long raisonneur qui pèse tout, jusqu'à la plaisanterie, à la balance du jugement. Il est vif, gai, caressant; son cœur est alors dans ses yeux comme il est toujours sur ses lèvres; il cherche à communiquer sa joie et ses plaisirs, il invite, il presse, il force, il se dispute les survenants. Toutes les sociétés n'en font qu'une, tout devient commun à tous. Il est presque indifférent à quelle table on se mette : ce serait l'image de celle de Lacédémone, s'il n'y régnait un peu plus de profusion, mais cette profusion même est alors bien placée, et l'aspect de l'abondance rend plus touchant celui de la liberté qui la produit.

Ibidem.

—

L'Evangile.

Nous sommes d'accord sur tant de choses, que ce n'est pas la peine de nous disputer sur le reste. Je vous l'ai dit bien des fois, nul homme au monde ne respecte plus que moi l'Evangile : c'est, à mon gré, le plus sublime de tous les livres ; quand tous les autres m'ennuient, je reprends toujours celui-là avec un nouveau plaisir ; et quand toutes les consolations humaines m'ont manqué, jamais je n'ai recouru vainement aux siennes. Mais enfin c'est un livre, un livre ignoré des trois quarts du monde : croirai-je qu'un Scythe ou un Africain soient moins chers au Père commun que vous et moi ? et pourquoi croirai-je qu'il leur ait ôté, plutôt qu'à nous, les ressources pour le connaître ? Non, mon digne ami, ce n'est point sur quelques feuilles éparses qu'il faut aller chercher la loi de Dieu, mais dans le cœur de l'homme, où sa main daigna l'écrire. O homme ! qui que tu sois, rentre en toi-même, apprends à consulter ta conscience et tes facultés naturelles ; tu seras juste, bon, vertueux, tu t'inclineras devant ton maître et tu participeras dans son ciel à un bonheur éternel. Je ne me fie là-dessus ni à ma raison ni à celle d'autrui ; mais je sens, à la paix de mon âme, et au plaisir que je sens à vivre et penser sous les yeux du grand Etre, que je ne m'abuse point dans les jugements que je fais de lui, ni dans l'espoir que je fonde sur sa justice.

Lettre à M. Vernes, 1758.

—

L'horloger genevois.

A l'égard des cercles, je conviens de leurs abus, et je n'en doutais pas : c'est le sort des choses humaines ; mais je crois qu'aux cercles détruits succéderont de plus grands abus encore. Vous faites une distinction très-judicieuse sur la différence des républiques grecques à la nôtre, par rapport à l'éducation publique ; mais cela n'empêche pas que cette éducation ne puisse avoir lieu parmi nous, et qu'elle ne l'ait même par la seule force des choses, soit qu'on le veuille, soit qu'on ne le veuille pas. Considérez qu'il y a une grande différence entre nos artisans et ceux des autres pays. Un horloger de Genève est un homme à présenter partout ; un horloger de

Paris n'est bon qu'à parler de montres. L'éducation d'un ouvrier tend à former ses doigts, rien de plus. Cependant le citoyen reste. Bien ou mal, la tête et le cœur se forment ; on trouve toujours du temps pour cela, et voilà à quoi l'institution doit pourvoir. Ici, Monsieur, j'ai sur vous, dans le particulier, l'avantage que vous avez sur moi dans les observations générales : cet état des artisans est le mien, celui dans lequel je suis né, dans lequel j'aurais dû vivre, et que je n'ai quitté que pour mon malheur. J'y ai reçu cette éducation publique, non par une institution formelle, mais par des traditions et des maximes qui, se transmettant d'âge en âge, donnaient de bonne heure à la jeunesse les lumières qui lui conviennent et les sentiments qu'elle doit avoir. A douze ans, j'étais un Romain ; à vingt, j'avais couru le monde et n'étais plus qu'un polisson. Les temps sont changés, je ne l'ignore pas ; mais c'est une injustice de rejeter sur les artisans la corruption publique : on sait trop que ce n'est pas par eux qu'elle a commencé.

Lettre au Dr Tronchin, 1758.

Conseils à un jeune ambitieux.

Je vous crois du talent, et je ne doute pas que vous ne vous fassiez honneur dans la carrière où vous entrez. J'aimerais pourtant mieux, pour votre bonheur, que vous eussiez suivi la profession de votre digne père, [1] surtout si vous aviez pu vous y distinguer comme lui. Un travail modéré, une vie égale et simple, la paix de l'âme et la santé du corps, qui sont le fruit de tout cela, valent mieux pour vivre heureux que le savoir et la gloire. Du moins, en cultivant les talents des gens de lettres, n'en prenez pas les préjugés ; n'estimez votre état que ce qu'il vaut, et vous en vaudrez davantage. Je vous dirai que je n'aime pas la fin de votre lettre : vous me paraissez juger trop sévèrement les riches ; vous ne songez pas qu'ayant contracté dès leur enfance mille besoins que nous n'avons point, les réduire à l'état des pauvres ce serait les rendre plus misérables qu'eux. Il faut être juste envers tout le monde, même envers ceux qui ne le sont pas pour nous. Eh ! Monsieur, si nous avions les vertus contraires aux vices que nous leur reprochons, nous ne songerions pas même qu'ils sont au monde, et bientôt ils auraient plus besoin de nous que nous d'eux. Encore un mot, et je finis. Pour avoir droit de mépriser les riches, il faut être économe et prudent soi-même, afin de n'avoir jamais besoin de richesses.

Lettre à M. Romilly, 1758.

[1] Le ministre Jean-Edme Romilly.

De la noblesse.

Edouard avait osé proposer ton mariage avec ton ami, qu'il appelait hautement le sien, et auquel il offrait de faire en cette qualité un établissement convenable. Ton père avait rejeté avec mépris cette proposition, et c'était là-dessus que les propos commençaient à s'échauffer. « Sachez, lui disait milord, malgré vos préjugés, qu'il est de tous les hommes le plus digne d'elle et peut-être le plus propre à la rendre heureuse. Que lui manque-t-il pour mériter votre aveu? La noblesse? vaine prérogative dans un pays où elle est plus nuisible qu'utile. Mais il l'a encore, n'en doutez pas, non point écrite d'encre en de vieux parchemins, mais gravée au fond de son cœur en caractères ineffaçables. En un mot, si vous préférez la raison au préjugé, et si vous aimez mieux votre fille que vos titres, c'est à lui que vous la donnerez. »

Là-dessus ton père s'emporta vivement. Il traita la proposition d'absurde et de ridicule. « Quoi! milord, dit-il, un homme d'honneur comme vous peut-il seulement penser que le dernier rejeton d'une famille illustre aille éteindre ou dégrader son nom dans celui d'un quidam sans asile et réduit à vivre d'aumônes?... — Arrêtez, interrompit

Edouard ; vous parlez de mon ami, songez que je prends pour moi tous les outrages qui lui sont faits en ma présence, et que les noms injurieux à un homme d'honneur le sont encore plus à celui qui les prononce. De tels quidams sont plus respectables que tous les hobereaux de l'Europe, et je vous défie de trouver aucun moyen plus honorable d'aller à la fortune que les hommages de l'estime et les dons de l'amitié. Si le gendre que je vous propose ne compte point, comme vous, une longue suite d'aïeux toujours incertains, il sera le fondement et l'honneur de sa maison, comme votre premier ancêtre le fut de la vôtre. Vous seriez-vous donc tenu pour déshonoré par l'alliance du chef de votre famille, et ce mépris ne rejaillirait-il pas sur vous-même ? Combien de grands noms retomberaient dans l'oubli, si l'on ne tenait compte que de ceux qui ont commencé par un homme estimable ! Jugeons du passé par le présent : sur deux ou trois citoyens qui s'illustrent par des moyens honnêtes, mille coquins anoblissent tous les jours leur famille ; et que prouvera cette noblesse dont leurs descendants seront si fiers, sinon les vols et l'infamie de leur ancêtre ? On voit, je l'avoue, beaucoup de malhonnêtes gens parmi les roturiers ; mais il y a toujours vingt à parier contre un qu'un gentilhomme descend d'un fripon. Laissons, si vous voulez, l'origine à part, et pesons le mérite et les services. Vous avez porté les armes chez un prince étranger ; son père les a portées gratuitement pour la patrie. Si vous avez bien servi, vous avez été bien payé ; et, quelque honneur que vous ayez acquis à la guerre, cent roturiers en ont acquis encore plus que vous.

« De quoi s'honore donc, continua milord Edouard, cette noblesse dont vous êtes si fier ? Que fait-elle pour la gloire de la patrie ou le bonheur du genre humain ? Mortelle ennemie des lois et de la liberté, qu'a-t-elle jamais produit dans la plupart des pays où elle brille, si ce n'est la force de la tyrannie et l'oppression des peuples ? Osez-vous, dans une république, vous honorer d'un état destructeur des vertus et de l'humanité, d'un état où l'on se vante de l'esclavage, et où l'on rougit d'être homme ? Lisez les annales de votre patrie : en quoi votre ordre a-t-il bien mérité d'elle ? quels nobles comptez-vous parmi ses libérateurs ? Les *Furst*, les *Tell*, les *Stauffacher*, étaient-ils gentilshommes ? Quelle est donc cette gloire insensée dont vous faites tant de bruit ? celle de servir un homme, et d'être à charge à l'Etat.

« — Ne plaidez point inutilement la cause d'autrui, dit ton père d'un ton brusque ; tout grand seigneur que vous êtes, je doute que vous puissiez bien défendre la vôtre sur le sujet en question. Vous demandez ma fille pour votre ami prétendu, sans savoir si vous-même seriez bon pour elle ; et je connais assez la noblesse d'Angleterre pour avoir sur vos discours une médiocre opinion de la vôtre !

« — Pardieu ! dit milord, quoi que vous pensiez de moi, je serais bien fâché de n'avoir d'autre preuve de mon mérite que celui d'un homme mort depuis cinq cents ans. Si vous connaissez la noblesse d'Angleterre, vous savez qu'elle est la plus éclairée, la mieux instruite, la plus sage et la plus brave de l'Europe : avec cela, je n'ai pas besoin de chercher si elle est la plus antique ; car, quand on parle de ce qu'elle est, il n'est pas question de ce qu'elle fut. Nous ne sommes point, il est vrai, les esclaves du prince, mais ses amis ; ni les tyrans du peuple, mais ses chefs. Garants de la liberté, soutiens de la patrie et appuis du trône, nous formons un invincible équilibre entre le peuple et le roi. Notre premier devoir est envers la nation, le second envers celui qui la gouverne : ce n'est pas sa volonté, mais son droit, que nous consultons. Ministres suprêmes des lois dans la chambre des pairs, quelquefois même législateurs, nous rendons également justice au peuple et au roi, et nous ne souffrons point que personne dise : *Dieu et mon épée*, mais seulement : *Dieu et mon droit.* »

Nouvelle Héloïse, 1760 (Lettre de Claire à Julie).

—

Les Parisiennes et la mode.

Tu l'as voulu, Julie; il faut donc te les dépeindre, ces aimables Parisiennes!....

Leurs traits sont peu réguliers: mais, si elles ne sont pas belles, elles ont de la physionomie qui supplée à la beauté, et l'éclipse quelquefois. Leurs yeux vifs et brillants ne sont pourtant ni pénétrants ni doux..... Elles se mettent si bien, ou du moins elles en ont tellement la réputation, qu'elles servent en cela, comme en tout, de modèle au reste de l'Europe. En effet, on ne peut employer avec plus de goût un habillement plus bizarre. Elles sont de toutes les femmes les moins asservies à leurs propres modes. La mode domine les provinciales ; mais les Parisiennes dominent la mode, et la savent plier chacune à son avantage. Les premières sont comme des copistes ignorants et serviles qui copient jusqu'aux fautes d'orthographe ; les autres sont des auteurs qui copient en maîtres, et savent rétablir les mauvaises leçons.

Leur parure est plus recherchée que magnifique; il y règne plus d'élégance que de richesse. La rapidité des modes qui vieillit tout d'une année à l'autre, la propreté qui leur fait aimer à changer souvent d'ajustement, les préservent d'une somptuosité ridicule : elles n'en dépensent pas moins, mais leur dépense est mieux entendue; au lieu d'habits râpés et superbes, comme en Italie, on voit ici des habits plus simples et toujours frais. Les deux sexes ont, à cet égard, la même modération, la même délicatesse, et ce goût me fait grand plaisir : j'aime fort à ne voir ni galons ni taches. Il n'y a point de peuple, excepté le nôtre, où les femmes surtout portent moins de dorures. On voit les mêmes étoffes dans tous les états ; et l'on aurait peine à distinguer une duchesse d'une bourgeoise, si la première n'avait l'art de trouver des distinctions que l'autre n'oserait imiter. Or ceci semble avoir sa difficulté : car quelque mode qu'on prenne à la cour, cette mode est suivie à l'instant à la ville ; et il n'en est pas des bourgeoises de Paris comme des provinciales et des étrangères, qui ne sont jamais qu'à la mode qui n'est plus. Il n'en est pas encore comme dans les autres pays, où les plus grands étant aussi les plus riches, leurs femmes se distinguent par un luxe que les autres ne peuvent égaler. Si les femmes de la cour prenaient ici cette voie, elles seraient bientôt effacées par celles des financiers.

Ibidem (Lettre de Saint-Preux à Julie).

L'Opéra de Paris.

Figurez-vous une gaîne large d'une quinzaine de pieds et longue à proportion ; cette gaîne est le théâtre. Aux deux côtés, on place par intervalle des feuilles de paravent, sur lesquelles sont grossièrement peints les objets que la scène doit représenter. Le fond est un grand rideau peint de même, et presque toujours percé ou déchiré, ce qui représente des gouffres dans la terre ou des trous dans le ciel, selon la perspective. Chaque personne qui passe derrière le théâtre et touche le rideau produit en l'ébranlant une sorte de tremblement de terre assez plaisant à voir. Le ciel est représenté par certaines guenilles bleuâtres, suspendues à des bâtons ou à des cordes, comme l'étendage d'une blanchisseuse. Le soleil, car on l'y voit quelquefois, est un flambeau dans une lanterne. Les chars des dieux et des déesses sont composés de quatre solives encadrées et suspendues à une grosse corde en forme d'escarpolette ; entre ces solives est une planche en travers sur laquelle le dieu s'assied, et sur le devant pend un morceau de grosse toile barbouillée, qui sert de nuage à ce magnifique char. On voit vers le bas de la machine l'illumination de deux ou trois chandelles puantes et mal mouchées, qui, tandis que le personnage se démène et crie en branlant dans son escarpolette, l'enfument tout à son aise : encens digne de la divinité.

Comme les chars sont la partie la plus considérable des machines de l'Opéra, sur celle-là vous pouvez juger des autres. La mer agitée est composée de longues lanternes angulaires de toile ou de carton bleu, qu'on enfile à des broches parallèles, et qu'on fait tourner par des polissons. Le tonnerre est une lourde charrette qu'on promène sur le cintre, et qui n'est pas le moins touchant instrument de cette agréable musique. Les éclairs se font avec des pincées de poix-résine qu'on projette sur un flambeau; la foudre est un pétard au bout d'une fusée.

Le théâtre est garni de petites trappes carrées, qui, s'ouvrant au besoin, annoncent que les démons vont sortir de la cave. Quand ils doivent s'élever dans les airs, on leur substitue adroitement de petits démons de toile brune empaillée, ou quelquefois de vrais ramoneurs, qui branlent en l'air suspendus à des cordes, jusqu'à ce qu'ils se perdent majestueusement dans les guenilles dont j'ai parlé. Mais ce qu'il y a réellement de tragique, c'est quand les cordes sont mal conduites ou viennent à rompre : car alors les esprits infernaux et les dieux immortels tombent, s'estropient, se tuent quelquefois. Ajoutez à tout cela les monstres qui rendent certaines scènes fort pathétiques, tels que des dragons, des lézards, des tortues, des crocodiles, de gros crapauds qui se promènent d'un air menaçant sur le théâtre, et font voir à l'Opéra les Tentations de saint Antoine. Chacune de ces figures est animée par un lourdaud de Savoyard qui n'a pas l'esprit de faire la bête.

Voilà, ma cousine, en quoi consiste à peu près l'auguste appareil de l'Opéra, autant que j'ai pu l'observer du parterre à l'aide de ma lorgnette : car il ne faut pas vous imaginer que ces moyens soient fort cachés et produisent un effet imposant ; je ne vous dis en ceci que ce que j'ai aperçu moi-même, et ce que peut apercevoir comme moi tout spectateur non préoccupé. On assure pourtant qu'il y a une prodigieuse quantité de machines employées à faire mouvoir tout cela ; on m'a offert plusieurs fois de me les montrer ; mais je n'ai jamais été curieux de voir comment on fait de petites choses avec de grands efforts.

Le nombre des gens occupés au service de l'Opéra est inconcevable. L'orchestre et les chœurs composent ensemble près de cent personnes : il y a des multitudes de danseurs ; tous les rôles sont doubles et triples, c'est-à-dire qu'il y a toujours un ou deux acteurs subalternes prêts à remplacer l'acteur principal, et payés pour ne rien faire jusqu'à ce qu'il lui plaise de ne rien faire à son tour ; ce qui ne tarde jamais beaucoup d'arriver. Après quelques représentations, les premiers acteurs, qui sont d'importants personnages, n'honorent plus le public de leur présence ; ils abandonnent la place à leurs substituts, et aux substituts de leurs substituts. On reçoit toujours le même argent à la porte, mais on ne donne plus le même spectacle. Chacun prend son billet comme à une loterie, sans savoir quel lot il aura ; et, quel qu'il soit, personne n'oserait se plaindre ; car, afin que vous le sachiez, les nobles membres de cette Académie ne doivent aucun respect au public ; c'est le public qui leur en doit.

Je ne vous parlerai point de cette musique; vous la connaissez. Mais ce dont vous ne sauriez avoir l'idée, ce sont les cris affreux, les longs mugissements dont retentit le théâtre durant la représentation. On voit les actrices, presque en convulsion, arracher avec violence ces glapissements de leurs poumons, les poings fermés contre la poitrine, la tête en arrière, le visage enflammé, les vaisseaux gonflés, l'estomac pantelant: on ne sait lequel est le plus désagréablement affecté de l'œil ou de l'oreille; leurs efforts font autant souffrir ceux qui les regardent, que leurs chants ceux qui les écoutent; et ce qu'il y a de plus inconcevable est que ces hurlements sont presque la seule chose qu'applaudissent les spectateurs. A leurs battements de mains, on les prendrait pour des sourds charmés de saisir par-ci par-là quelques sons perçants, et qui veulent engager les acteurs à les redoubler. Pour moi, je suis persuadé qu'on applaudit les cris d'une actrice à l'Opéra comme les tours de force d'un bateleur à la foire: la sensation en est déplaisante et pénible, on souffre tandis qu'ils durent; mais on est si aise de les voir finir sans accident qu'on en marque volontiers sa joie. Concevez que cette manière de chanter est employée pour exprimer ce que Quinault a jamais dit de plus galant et de plus tendre. Imaginez les Muses, les Grâces, les Amours, Vénus même, s'exprimant avec cette délicatesse, et jugez de l'effet ! Pour les diables, passe encore; cette musique a quelque chose d'infernal qui ne leur messied pas. Aussi les magies, les évocations, et toutes les fêtes du sabbat, sont-elles toujours ce qu'on admire le plus à l'Opéra français.

A ces beaux sons, aussi justes qu'ils sont doux, se marient très-dignement ceux de l'orchestre. Figurez-vous un charivari sans fin d'instruments sans mélodie, un ronron traînant et perpétuel de basses; chose la plus lugubre, la plus assommante que j'aie entendue de ma vie, et que je n'ai jamais pu supporter une demi-heure sans gagner un violent mal de tête. Tout cela forme une espèce de psalmodie à

laquelle il n'y a pour l'ordinaire ni chant ni mesure.
Mais quand, par hasard, il se trouve quelque air un
peu sautillant, c'est un trépignement universel;
vous entendez tout le parterre en mouvement suivre
à grand'peine et à grand bruit un certain homme
de l'orchestre. Charmés de sentir un moment cette
cadence qu'ils sentent si peu, ils se tourmentent
l'oreille, la voix, les bras, les pieds, et tout le corps,
pour courir après la mesure, toujours prête à leur
échapper ; au lieu que l'Allemand et l'Italien, qui
en sont intimement affectés, la sentent et la suivent sans aucun effort, et n'ont jamais besoin de la
battre.

Les ballets, dont il me reste à vous parler, sont
la partie la plus brillante de cet Opéra; et, consi-
dérés séparément, ils font un spectacle agréable,
magnifique, et vraiment théâtral; mais ils servent
comme partie constitutive de la pièce, et c'est en
cette qualité qu'il les faut considérer. Vous connaissez les opéras de Quinault; vous savez comment les
divertissements y sont employés : c'est à peu près
de même, ou encore pis, chez ses successeurs. Dans
chaque acte l'action est ordinairement coupée au
moment le plus intéressant par une fête qu'on donne
aux acteurs assis, et que le parterre voit debout. Il
arrive de là que les personnages de la pièce sont
absolument oubliés, ou bien que les spectateurs

regardent les acteurs, qui regardent autre chose. La manière d'amener ces fêtes est simple: si le prince est joyeux, on prend part à sa joie, et l'on danse; s'il est triste, on veut l'égayer, et l'on danse. J'ignore si c'est la mode à la cour de donner le bal aux rois quand ils sont de mauvaise humeur : ce que je sais par rapport à ceux-ci, c'est qu'on ne peut trop admirer leur constance stoïque à voir des gavottes ou écouter des chansons, tandis qu'on décide quelquefois derrière le théâtre de leur couronne ou de leur sort. Mais il y a bien d'autres sujets de danses ; les plus graves actions de la vie se font en dansant. Les prêtres dansent, les soldats dansent, les dieux dansent, les diables dansent, on danse jusque dans les enterrements, et tout danse à propos de tout.

Ibidem (Lettre de Saint-Preux à Claire).

———

Sur le suicide.

Il t'est donc permis de cesser de vivre ? Je voudrais bien savoir si tu as commencé. Quoi! fus-tu placé sur la terre pour n'y rien faire? Le ciel ne t'imposa-t-il point avec la vie une tâche pour la remplir ? Si tu as fait ta journée avant le soir, repose-toi le reste du jour, tu le peux; mais voyons ton ouvrage. Quelle réponse tiens-tu prête au juge suprême qui te demandera compte de ton temps? Parle, que lui diras-tu? « J'ai séduit une fille honnête; j'abandonne un ami dans ses chagrins. » Malheureux! trouve-moi ce juste qui se vante d'avoir assez vécu; que j'apprenne de lui comment il faut avoir porté la vie pour être en droit de la quitter.

Tu comptes les maux de l'humanité; tu ne rougis pas d'épuiser les lieux communs cent fois rebattus, et tu dis: « La vie est un mal. » Mais regarde, cherche dans l'ordre des choses si tu y trouves quelques biens qui ne soient point mêlés de maux. Est-ce donc à dire qu'il n'y ait aucun bien dans l'univers? et peux-tu confondre ce qui est mal par sa nature avec ce qui ne souffre le mal que par accident? Tu l'as dit toi-même, la vie passive de l'homme n'est rien, et ne regarde qu'un corps dont il sera bientôt délivré; mais sa vie active et morale, qui doit influer sur tout son être, consiste dans l'exercice de sa volonté. La vie est un mal pour le méchant qui prospère, et un bien pour l'honnête homme infortuné; car ce n'est pas une modification passagère, mais son rapport avec son objet, qui la rend bonne ou mauvaise. Quelles sont enfin ces douleurs si cruelles qui te forcent de la quitter? Penses-tu que je n'aie pas démêlé sous ta feinte impartialité dans le dénombrement des maux de cette vie la honte de parler des tiens? Crois-moi, n'abandonne pas à la fois toutes tes vertus ; garde au moins ton ancienne franchise, et dis ouvertement à ton ami : « J'ai perdu l'espoir de corrompre une honnête femme, me voilà forcé d'être homme de bien, j'aime mieux mourir. »

Tu t'ennuies de vivre, et tu dis : « La vie est un mal. » Tôt ou tard tu seras consolé, et tu diras : « La vie est un bien. » Tu diras plus vrai sans mieux raisonner ; car rien n'aura changé que toi. Change donc dès aujourd'hui ; et, puisque c'est dans la mauvaise disposition de ton âme qu'est tout le mal, corrige tes affections déréglées, et ne brûle pas ta maison pour n'avoir pas la peine de la ranger.

« Je souffre, dis-tu ; dépend-il de moi de ne pas souffrir? » D'abord c'est changer l'état de la question ; car il ne s'agit pas de savoir si tu souffres, mais si c'est un mal pour toi de vivre. Passons. Tu souffres, tu dois chercher à ne plus souffrir. Voyons s'il est besoin de mourir pour cela.

Considère un moment le progrès naturel des maux de l'âme directement opposé au progrès des maux du corps, comme les deux substances sont opposées par leur nature. Ceux-ci s'invétèrent, s'empirent en vieillissant, et détruisent enfin cette machine mortelle. Les autres, au contraire, altérations externes et passagères d'un être immortel et simple, s'effacent insensiblement et le laissent dans sa forme originelle, que rien ne saurait changer. La tristesse, l'ennui, les regrets, le désespoir, sont des douleurs peu durables qui ne s'enracinent jamais dans l'âme, et l'expérience dément toujours ce sentiment d'amertume qui nous fait regarder nos peines comme éternelles. Je dirai plus : je ne puis croire que les vices qui nous corrompent nous soient plus inhérents que nos chagrins; non-seulement je pense qu'ils périssent avec le corps qui les occasionne, mais je ne doute pas qu'une plus longue vie ne pût suffire pour corriger les hommes, et que plusieurs siècles de jeunesse ne nous apprissent qu'il n'y a rien de meilleur que la vertu.

Quoi qu'il en soit, puisque la plupart de nos maux physiques ne font qu'augmenter sans cesse, de violentes douleurs du corps, quand elles sont incurables, peuvent autoriser un homme à disposer de lui: car toutes ses facultés étant aliénées par la douleur, et le mal étant sans remède, il n'a plus l'usage ni de sa volonté ni de sa raison; il cesse d'être homme avant de mourir, et ne fait, en s'ôtant la vie, qu'achever de quitter un corps qui l'embarrasse et où son âme n'est déjà plus.

Mais il n'en est pas ainsi des douleurs de l'âme, qui, pour vives qu'elles soient, portent toujours leur remède avec elles. En effet, qu'est-ce qui rend un mal quelconque intolérable? c'est sa durée. Les opérations de la chirurgie sont communément beaucoup plus cruelles que les souffrances qu'elles guérissent; mais la douleur du mal est permanente, celle de l'opération passagère, et l'on préfère celle-ci. Qu'est-il donc besoin d'opération pour des douleurs qu'éteint leur propre durée, qui seule les rendrait insupportables? Est-il raisonnable d'appliquer d'aussi violents remèdes aux maux qui s'effacent d'eux-mêmes? Pour qui fait cas de la constance et n'estime les ans que le peu qu'ils valent, de deux moyens de se délivrer des mêmes souffrances, lequel doit être préféré, de la mort ou du temps? Attends, et tu seras guéri. Que demandes-tu davantage?

Ah! c'est ce qui redouble mes peines, de songer qu'elles finiront! Vain sophisme de la douleur, bon mot sans raison, sans justesse, et peut-être sans bonne foi. Quel absurde motif de désespoir que l'espoir de terminer sa misère? Même en supposant ce bizarre sentiment, qui n'aimerait mieux aigrir un moment la douleur présente par l'assurance de la voir finir, comme on scarifie une plaie pour la faire cicatriser? et quand la douleur aurait un charme qui nous ferait aimer à souffrir, s'en priver en s'ôtant la vie, n'est-ce pas faire à l'instant même tout ce qu'on craint de l'avenir?

Penses-y bien, jeune homme; que sont dix, vingt, trente ans, pour un être immortel? La peine et le plaisir passent comme une ombre; la vie s'écoule en un instant, elle n'est rien par elle-même, son prix dépend de son emploi. Le bien seul qu'on a fait demeure, et c'est par lui qu'elle est quelque chose.

Ne dis donc plus que c'est un mal pour toi de vivre, puisqu'il dépend de toi seul que ce soit un bien, et que, si c'est un mal d'avoir vécu, c'est une raison de plus pour vivre encore. Ne dis pas non plus qu'il t'est permis de mourir, car autant vaudrait dire qu'il t'est permis de n'être pas homme, qu'il t'est permis de te révolter contre l'auteur de ton être et de tromper ta destination. Mais en ajoutant que ta mort ne fait de mal à personne, songes-tu que c'est à ton ami que tu l'oses dire?

Ta mort ne fait de mal à personne? J'entends; mourir à nos dépens ne t'importe guère, tu comptes pour rien nos regrets. Je ne te parle plus des droits de l'amitié que tu méprises: n'en est-il point de plus chers encore qui t'obligent à te conserver? S'il est une personne au monde qui t'ait assez aimé pour ne vouloir pas te survivre, et à qui ton bonheur manque pour être heureuse, penses-tu ne lui rien devoir? Tes funestes projets exécutés ne troubleront-ils point la paix d'une âme rendue avec tant de peine à sa première innocence? Ne crains-tu point de rouvrir dans ce cœur trop tendre des blessures mal refermées? Ne crains-tu point que ta perte n'en entraîne une autre encore plus cruelle, en ôtant au monde et à la vertu leur plus digne ornement? et si elle te survit, ne crains-tu point d'exciter dans son sein le remords, plus pesant à supporter que la vie? Ingrat ami, amant sans délicatesse, seras-tu toujours occupé de toi-même? Ne songeras-tu jamais qu'à tes peines? N'es-tu point sensible au bonheur de ce qui te fut cher? et ne saurais-tu vivre pour celle qui voulut mourir avec toi?

Tu parles des devoirs du magistrat et du père de famille, et, parce qu'ils ne te sont pas imposés, tu te crois affranchi de tout: et la société à qui tu dois ta conservation, tes talents, tes lumières; la patrie à qui tu appartiens, les malheureux qui ont besoin de toi, ne leur dois-tu rien? O l'exact dénombrement que tu fais! parmi les devoirs que tu comptes, tu n'oublies que ceux d'homme et de citoyen. Où est ce vertueux patriote qui refuse de vendre son sang à un prince étranger parce qu'il ne doit le verser que pour son pays, et qui veut maintenant le répandre en désespéré contre l'expresse défense des lois?

Les lois, les lois, jeune homme! le sage les méprise-
t-il? Socrate innocent, par respect pour elles, ne
voulut pas sortir de prison : tu ne balances point à
les violer pour sortir injustement de 'la vie, et tu
demandes: « Quel mal fais-je? »

Tu veux t'autoriser par des exemples ; tu m'oses
nommer des Romains! Toi, des Romains! il t'appartient bien d'oser prononcer ces noms illustres!
Dis-moi, Brutus mourut-il en amant désespéré? et
Caton déchira-t-il ses entrailles pour sa maîtresse?
Homme petit et faible, qu'y a-t-il entre Caton et
toi? montre-moi la mesure commune de cette âme
sublime et de la tienne. Téméraire, ah! tais-toi. Je
crains de profaner son nom par son apologie. A ce
nom saint et auguste, tout ami de la vertu doit
mettre le front dans la poussière, et honorer en silence la mémoire du plus grand des hommes.

Que tes exemples sont mal choisis! et que tu
juges bassement des Romains, si tu penses qu'ils se
crussent en droit de s'ôter la vie aussitôt qu'elle
leur était à charge! Regarde les beaux temps de la
république, et cherche si tu y verras un seul citoyen
vertueux se délivrer ainsi du poids de ses devoirs,
même après les plus cruelles infortunes. Régulus
retournant à Carthage prévint-il par sa mort les
tourments qui l'attendaient? Que n'eût point donné
Posthumius pour que cette ressource lui fût permise

aux Fourches Caudines? Quel effort de courage le sénat même n'admira-t-il pas dans le consul Varron pour avoir pu survivre à sa défaite? Par quelle raison tant de généraux se laissèrent-ils volontairement livrer aux ennemis, eux à qui l'ignominie était si cruelle, et à qui il en coûtait si peu de mourir? C'est qu'ils devaient à la patrie leur sang, leur vie et leurs derniers soupirs, et que la honte ni les revers ne les pouvaient détourner de ce devoir sacré. Mais, quand les lois furent anéanties, et que l'Etat fut en proie à des tyrans, les citoyens reprirent leur liberté naturelle et leurs droits sur eux-mêmes. Quand Rome ne fut plus, il fut permis à des Romains de cesser d'être: ils avaient rempli leurs fonctions sur la terre; ils n'avaient plus de patrie; ils étaient en droit de disposer d'eux, et de se rendre à eux-mêmes la liberté qu'ils ne pouvaient plus rendre à leur pays. Après avoir employé leur vie à servir Rome expirante et à combattre pour les lois, ils moururent vertueux et grands comme ils avaient vécu; et leur mort fut encore un tribut à la gloire du nom romain, afin qu'on ne vît dans aucun d'eux le spectacle indigne de vrais citoyens servant un usurpateur.

Mais toi, qui es-tu? qu'as-tu fait? Crois-tu t'excuser sur ton obscurité? ta faiblesse t'exempte-t-elle de tes devoirs? et, pour n'avoir ni nom ni rang dans ta patrie, en es-tu moins soumis à ses lois? Il te sied bien d'oser parler de mourir, tandis que tu dois l'usage de ta vie à tes semblables! Apprends qu'une mort telle que tu la médites est honteuse et furtive; c'est un vol fait au genre humain. Avant de le quitter, rends-lui ce qu'il a fait pour toi. Mais je ne tiens à rien..... je suis inutile au monde..... Philosophe d'un jour! ignores-tu que tu ne saurais faire un pas sur la terre sans y trouver quelque devoir à remplir, et que tout homme est utile à l'humanité par cela seul qu'il existe?

Ecoute-moi, jeune insensé : tu m'es cher, j'ai pitié de tes erreurs. S'il te reste au fond du cœur le moindre sentiment de vertu, viens, que je t'apprenne à aimer la vie. Chaque fois que tu seras tenté d'en sortir, dis en toi-même: « Que je fasse encore une bonne action avant que de mourir. » Puis va chercher quelque indigent à secourir, quelque infortuné à consoler, quelque opprimé à défendre. Rapproche de moi les malheureux que mon abord intimide : ne crains d'abuser ni de ma bourse ni de mon crédit; prends, épuise mes biens, fais-moi riche. Si cette considération te retient aujourd'hui, elle te retiendra encore demain, après-demain, toute ta vie. Si elle ne te retient pas, meurs: tu n'es qu'un méchant.

Ibidem (Lettre de milord Edouard à Saint-Preux).

Le verger de l' « Elysée ».

Ce lieu, quoique tout proche de la maison, est tellement caché par l'allée couverte qui l'en sépare, qu'on ne l'aperçoit de nulle part. L'épais feuillage qui l'environne ne permet point à l'œil d'y pénétrer, et il est toujours soigneusement fermé à clef. A peine fus-je au dedans, que, la porte étant masquée par des aunes et des coudriers qui ne laissent que deux étroits passages sur les côtés, je ne vis plus en me retournant par où j'étais entré ; et, n'apercevant point de porte, je me trouvai là comme tombé des nues.

En entrant dans ce prétendu verger, je fus frappé d'une agréable sensation de fraîcheur que d'obscurs ombrages, une verdure animée et vive, des fleurs éparses de tous côtés, un gazouillement d'eau courante et le chant de mille oiseaux portèrent à mon imagination du moins autant qu'à mes sens ; mais en même temps je crus voir le lieu le plus sauvage, le plus solitaire de la nature, et il me semblait d'être le premier mortel qui jamais eût pénétré dans ce désert. Surpris, saisi, transporté d'un spectacle si peu prévu, je restai un moment immobile, et m'écriai dans un enthousiasme involontaire: « O Tinian ! O Juan Fernandez ! [1] Julie, le bout du monde est

---

[1] Iles désertes de la mer du Sud.

à votre porte ! — Beaucoup de gens le trouvent ici comme vous, dit-elle avec un sourire ; mais vingt pas de plus les ramènent bien vite à Clarens ; voyons si le charme tiendra plus longtemps chez vous. C'est ici le même verger où vous vous êtes promené autrefois, et où vous vous battiez avec ma cousine à coups de pêches. Vous savez que l'herbe y était assez aride, les arbres assez clair-semés, donnant assez peu d'ombre, et qu'il n'y avait point d'eau. Le voilà maintenant frais, vert, habillé, paré, fleuri, arrosé ».....

Je me mis à parcourir avec extase ce verger ainsi métamorphosé ; et, si je ne trouvai point de plantes exotiques et de productions des Indes, je trouvai celles du pays disposées et réunies de manière à produire un effet plus riant et plus agréable. Le gazon verdoyant, épais, mais court et serré, était mêlé de serpolet, de baume, de thym, de marjolaine, et d'autres herbes odorantes. On y voyait briller mille fleurs des champs, parmi lesquelles l'œil en démêlait avec surprise quelques-unes de jardin, qui semblaient croître naturellement avec les autres. Je rencontrais de temps en temps des touffes obscures, impénétrables aux rayons du soleil, comme dans la plus épaisse forêt ; ces touffes étaient formées des arbres du bois le plus flexible, dont on avait fait recourber les branches, pendre en terre et prendre

racine, par un art semblable à ce que font naturellement les mangles en Amérique. Dans les lieux
plus découverts, je voyais çà et là, sans ordre et
sans symétrie, des broussailles de roses, de fram-
boisiers, de groseilliers, des fourrés de lilas, de noisetier, de sureau, de seringat, de genêt, de trifo-
lium, qui paraient la terre en lui donnant l'air d'être
en friche. Je suivais des allées tortueuses et irrégulières bordées de ces bocages fleuris, et couvertes de
mille guirlandes de vigne de Judée, de vigne vierge,
de houblon, de liseron, de couleuvrée, de clématite,
et d'autres plantes de cette espèce, parmi lesquelles
le chèvrefeuille et le jasmin daignaient se confondre. Ces guirlandes semblaient jetées négligemment
d'un arbre à l'autre, comme j'en avais remarqué
quelquefois dans les forêts, et formaient sur nous
des espèces de draperies qui nous garantissaient du
soleil, tandis que nous avions sous nos pieds un marcher doux, commode et sec, sur une mousse fine,
sans sable, sans herbe, et sans rejeton raboteux.
Alors seulement je découvris, non sans surprise, que
ces ombrages verts et touffus, qui m'en avaient tant
imposé de loin, n'étaient formés que de ces plantes
rampantes et parasites, qui, guidées le long des
arbres, environnaient leurs têtes du plus épais feuillage, et leurs pieds d'ombre et de fraîcheur. J'observai même qu'au moyen d'une industrie assez

simple on avait fait prendre racine, sur les troncs des arbres, à plusieurs de ces plantes, de sorte qu'elles s'étendaient davantage en faisant moins de chemin. Vous concevez bien que les fruits ne s'en trouvent pas mieux de toutes ces additions ; mais, dans ce lieu seul, on a sacrifié l'utile à l'agréable, et, dans le reste des terres, on a pris un tel soin des plants et des arbres, qu'avec ce verger de moins la récolte en fruits ne laisse pas que d'être plus forte qu'auparavant. Si vous songez combien au fond d'un bois on est charmé quelquefois de voir un fruit sauvage et même de s'en rafraîchir, vous comprendrez le plaisir qu'on a de trouver dans ce désert artificiel des fruits excellents et mûrs, quoique clair-semés et de mauvaise mine ; ce qui donne encore le plaisir de la recherche et du choix.

Toutes ces petites routes étaient bordées et traversées d'une eau limpide et claire, tantôt circulant parmi l'herbe et les fleurs en filets presque imperceptibles, tantôt en plus grands ruisseaux courant sur un gravier pur et marqueté qui rendait l'eau plus brillante. On voyait des sources bouillonner et sortir de la terre, et quelquefois des canaux plus profonds dans lesquels l'eau calme et paisible réfléchissait à l'œil les objets. « Je comprends à présent tout le reste, dis-je à Julie : mais ces eaux que je vois de toutes parts..... — Elles viennent de là,

reprit-elle en me montrant le côté où était la terrasse de son jardin. C'est ce même ruisseau qui
fournit à grands frais dans le parterre un jet d'eau
dont personne ne se soucie. M. de Wolmar ne veut
pas le détruire, par respect pour mon père qui l'a
fait faire ; mais avec quel plaisir nous venons tous
les jours voir courir dans ce verger cette eau dont
nous n'approchons guère au jardin ! Le jet d'eau
joue pour les étrangers, le ruisseau coule ici pour
nous. Il est vrai que j'y ai réuni l'eau de la fontaine
publique, qui se rendait dans le lac par le grand
chemin, qu'elle dégradait au préjudice des passants
et à pure perte pour tout le monde. Elle faisait un
coude au pied du verger entre deux rangs de saules ;
je les ai renfermés dans mon enceinte, et j'y con-
duis la même eau par d'autres routes. »

Je vis alors qu'il n'avait été question que de faire
serpenter ces eaux avec économie en les divisant et
réunissant à propos, en épargnant la pente le plus
qu'il était possible, pour prolonger le circuit et se
ménager le murmure de quelques petites chutes.
Une couche de glaise couverte d'un pouce de gravier du lac et parsemée de coquillages formait le lit
des ruisseaux. Ces mêmes ruisseaux, coulant par
intervalles sous quelques larges tuiles recouvertes
de terre et de gazon au niveau du sol, formaient à
leur issue autant de sources artificielles. Quelques

filets s'en élevaient par des siphons sur des lieux raboteux, et bouillonnaient en retombant. Enfin la terre ainsi rafraîchie et humectée donnait sans cesse de nouvelles fleurs et entretenait l'herbe toujours verdoyante et belle.....

« Vous avez une volière. — Il est vrai, dit Mme de Wolmar ; approchons-en. » Je n'osais dire encore ce que je pensais de la volière ; mais cette idée avait quelque chose qui me déplaisait, et ne me semblait point assortie au reste.

Nous descendîmes par mille détours au bas du verger, où je trouvai toute l'eau réunie en un joli ruisseau, courant doucement entre deux rangs de vieux saules qu'on avait souvent ébranchés. Leurs têtes creuses et demi-chauves formaient des espèces de vases d'où sortaient, par l'adresse dont j'ai parlé, des touffes de chèvrefeuille, dont une partie s'entrelaçait autour des branches, et l'autre tombait avec grâce le long du ruisseau. Presque à l'extrémité de l'enceinte était un petit bassin bordé d'herbes, de joncs, de roseaux, servant d'abreuvoir à la volière, et dernière station de cette eau si précieuse et si bien ménagée.

Au delà de ce bassin était un terre-plein terminé dans l'angle de l'enclos par un monticule garni d'une multitude d'arbrisseaux de toute espèce, les plus petits vers le haut, et toujours croissant en grandeur à mesure que le sol s'abaissait ; ce qui rendait le plan des têtes presque horizontal, ou montrait au moins qu'un jour il le devait être. Sur le devant étaient une douzaine d'arbres jeunes encore, mais faits pour devenir fort grands, tels que le hêtre, l'orme, le frêne, l'acacia. C'étaient les bocages de ce coteau qui servaient d'asile à cette multitude d'oiseaux dont j'avais entendu de loin le ramage ; et c'était à l'ombre de ce feuillage, comme sous un grand parasol, qu'on les voyait voltiger, courir, chanter, s'agacer, se battre comme s'ils ne nous avaient pas aperçus. Ils s'enfuirent si peu à notre approche, que, selon l'idée dont j'étais prévenu, je les crus d'abord enfermés par un grillage ; mais, comme nous fûmes arrivés au bord du bassin, j'en vis plusieurs descendre et s'approcher de nous sur une espèce de courte allée qui séparait en deux le terre-plein et communiquait du bassin à la volière. Alors M. de Wolmar, faisant le tour du bassin, sema sur l'allée deux ou trois poignées de grains mélangés qu'il avait dans sa poche ; et, quand il se fut retiré, les oiseaux accoururent et se mirent à manger comme des poules, d'un air si familier que je vis bien qu'ils étaient faits à ce manége. « Cela est charmant ! m'écriai-je. Ce mot de volière m'avait surpris de votre part ; mais je l'entends maintenant :

je vois que vous voulez des hôtes et non pas des prisonniers. »

Il me vint une imagination qui les fit rire. « Je me figure, leur dis-je, un homme riche de Paris ou de Londres, maître de cette maison, et amenant avec lui un architecte chèrement payé pour gâter la nature. Avec quel dédain il entrerait dans ce lieu simple et mesquin ! avec quel mépris il ferait arracher toutes ces guenilles ! les beaux alignements qu'il prendrait ! les belles allées qu'il ferait percer ! les belles pattes d'oie, les beaux arbres en parasol, en éventail ! les beaux treillages bien sculptés ! les belles charmilles bien dessinées, bien équarries, bien contournées ! les beaux boulingrins de fin gazon d'Angleterre, ronds, carrés, échancrés, ovales ! les beaux ifs taillés en dragons, en pagodes, en marmousets, en toutes sortes de monstres ! les beaux vases de bronze, les beaux fruits de pierre dont il ornera son jardin !....

« Il y a un autre goût directement opposé à celui-là et plus ridicule encore, en ce qu'il ne laisse pas même jouir de la promenade pour laquelle les jardins sont faits ; c'est celui de ces petits curieux, de ces petits fleuristes qui se pâment à l'aspect d'une renoncule, et se prosternent devant des tulipes. » Là-dessus, je leur racontai, milord, ce qui m'était arrivé autrefois à Londres dans ce jardin de fleurs où nous fûmes introduits avec tant d'appareil, et où nous vîmes briller si pompeusement tous les trésors de la Hollande sur quatre couches de fumier. Je n'oubliai pas la cérémonie du parasol et de la petite baguette dont on m'honora, moi indigne, ainsi que les autres spectateurs. Je leur confessai humblement comment, ayant voulu m'évertuer à mon tour et hasarder de m'extasier à la vue d'une tulipe dont la couleur me parut vive et la forme élégante, je fus moqué, hué, sifflé de tous les savants, et comment le professeur du jardin, passant du mépris de la fleur à celui du panégyriste, ne daigna plus me regarder de toute la séance. « Je pense, ajoutai-je, qu'il eut bien du regret à sa baguette et à son parasol profanés. » .....

J'ai vu à la Chine des jardins faits avec tant d'art que l'art n'y paraissait point, mais d'une manière si dispendieuse et entretenus à si grands frais, que cette idée m'ôtait tout le plaisir que j'aurais pu goûter à les voir. C'étaient des roches, des grottes, des cascades artificielles, dans des lieux plains et sablonneux où l'on n'a que de l'eau de puits; c'étaient des fleurs et des plantes rares de tous les climats de la Chine et de la Tartarie rassemblées et cultivées en un même sol. On n'y voyait à la vérité ni belles allées ni compartiments réguliers ; mais on y voyait entassées

avec profusion des merveilles qu'on ne trouve qu'é-
parses et séparées ; la nature s'y présentait sous
mille aspects divers, et le tout ensemble n'était point
naturel. Ici l'on n'a transporté ni terres ni pierres,
on n'a fait ni pompes ni réservoirs, on n'a besoin
ni de serres, ni de fourneaux, ni de cloches, ni de
paillassons. Un terrain presque uni a reçu des
ornements très-simples ; des herbes communes, des
arbrisseaux communs, quelques filets d'eau coulant
sans apprêt, sans contrainte, ont suffi pour l'embellir. C'est un jeu sans effort, dont la facilité
donne au spectateur un nouveau plaisir. Je sens
que ce séjour pourrait être encore plus agréable et
me plaire infiniment moins. Tel est, par exemple,
le parc célèbre de milord Cobham à Staw. C'est un
composé de lieux très-beaux et très-pittoresques,
dont les aspects ont été choisis en différents pays,
et dont tout paraît naturel, excepté l'assemblage,
comme dans les jardins de la Chine dont je viens
de vous parler. Le maître et le créateur de cette
superbe solitude y a même fait construire des ruines,
des temples, d'anciens édifices ; et les temps ainsi
que les lieux y sont rassemblés avec une magnificence plus qu'humaine. Voilà précisément de quoi je
me plains. Je voudrais que les amusements des
hommes eussent toujours un air facile qui ne fît
point songer à leur faiblesse, et qu'en admirant ces

merveilles on n'eût point l'imagination fatiguée des sommes et des travaux qu'elles ont coûtés. Le sort ne nous donne-t-il pas assez de peine sans en mettre jusque dans nos jeux ?

Ibidem (Lettre de Saint-Preux à milord Edouard).

—

Promenade sur le lac de Genève et à Meillerie.

Vous savez que la maison de Mme de Wolmar n'est pas loin du lac, et qu'elle aime les promenades sur l'eau. Il y a trois jours que le désœuvrement où l'absence de son mari nous laisse et la beauté de la soirée nous firent projeter une de ces promenades pour le lendemain. Au lever du soleil nous nous rendîmes au rivage ; nous prîmes un bateau avec des filets pour pêcher, trois rameurs, un domestique, et nous nous embarquâmes avec quelques provisions pour le dîner.....

Nous avançâmes ensuite en pleine eau ; puis, par une vivacité de jeune homme dont il serait temps de guérir, m'étant mis à *nager*, [1] je dirigeai tellement au milieu du lac que nous nous trouvâmes bientôt à plus d'une lieue du rivage. Là j'expliquais

[1] Terme des bateliers du lac de Genève ; c'est tenir la rame qui gouverne les autres.

à Julie toutes les parties du superbe horizon qui nous entourait. Je lui montrais de loin les embouchures du Rhône, dont l'impétueux cours s'arrête tout à coup au bout d'un quart de lieue, et semble craindre de souiller de ses eaux bourbeuses le cristal azuré du lac. Je lui faisais observer les redans des montagnes, dont les angles correspondants et parallèles forment dans l'espace qui les sépare un lit digne du fleuve qui le remplit. En l'écartant de nos côtes, j'aimais à lui faire admirer les riches et charmantes rives du pays de Vaud, où la quantité des villes, l'innombrable foule du peuple, les coteaux verdoyants et parés de toutes parts, forment un tableau ravissant; où la terre, partout cultivée et partout féconde, offre au laboureur, au pâtre, au vigneron, le fruit assuré de leurs peines, que ne dévore point l'avide publicain. Puis, lui montrant le Chablais sur la côte opposée, pays non moins favorisé de la nature, et qui n'offre pourtant qu'un spectacle de misère, je lui faisais sensiblement distinguer les différents effets des deux gouvernements pour la richesse, le nombre et le bonheur des hommes. « C'est ainsi, lui disais-je, que la terre ouvre son sein fertile et prodigue ses trésors aux heureux peuples qui la cultivent pour eux-mêmes : elle semble sourire et s'animer au doux spectacle de la liberté ; elle aime à nourrir des hommes. Au contraire, les tristes masures, la bruyère et les ronces qui couvrent une terre à demi déserte, annoncent de loin qu'un maître absent y domine, et qu'elle donne à regret à des esclaves quelques maigres productions dont ils ne profitent pas. »

Tandis que nous nous amusions agréablement à parcourir ainsi des yeux les côtes voisines, un séchard, qui nous poussait de biais vers la rive opposée, s'éleva, fraîchit considérablement ; et, quand nous songeâmes à revirer, la résistance se trouva si forte qu'il ne fut plus possible à notre frêle bateau de la vaincre. Bientôt les ondes devinrent terribles : il fallut regagner la rive de Savoie, et tâcher d'y prendre terre au village de Meillerie qui était vis-à-vis de nous, et qui est presque le seul lieu de cette côte où la grève offre un abord commode. Mais le vent, ayant changé, se renforçait, rendait inutiles les efforts de nos bateliers, et nous faisait dériver plus bas, le long d'une file de rochers escarpés où l'on ne trouve plus d'asile.

Nous nous mîmes tous aux rames. Enfin, à force de travail, nous remontâmes à Meillerie, et, après avoir lutté plus d'une heure à dix pas du rivage, nous parvînmes à prendre terre.....

Après le dîner, l'eau continuant d'être forte et le bateau ayant besoin d'être raccommodé, je proposai un tour de promenade.....

Vous savez qu'après mon exil du Valais, je revins, il y a dix ans, à Meillerie attendre la permission de mon retour. C'est là que je passai des jours si tristes et si délicieux, uniquement occupé d'elle, et c'est de là que je lui écrivis une lettre dont elle fut si touchée. J'avais toujours désiré de revoir la retraite isolée qui me servit d'asile au milieu des glaces, et où mon cœur se plaisait à converser en lui-même avec ce qu'il eut de plus cher au monde. L'occasion de visiter ce lieu si chéri dans une saison plus agréable, et avec celle dont l'image l'habitait jadis avec moi, fut le motif secret de ma promenade. Je me faisais un plaisir de lui montrer d'anciens monuments d'une passion si constante et si malheureuse.

Nous y parvînmes après une heure de marche par des sentiers tortueux et frais, qui, montant insensiblement entre les arbres et les rochers, n'avaient rien de plus incommode que la longueur du chemin. En approchant et reconnaissant mes anciens renseignements, je fus prêt à me trouver mal ; mais je me surmontai, je cachai mon trouble, et nous arrivâmes. Ce lieu solitaire formait un réduit sauvage et désert, mais plein de ces sortes de beautés qui ne plaisent qu'aux âmes sensibles, et paraissent horribles aux autres. Un torrent formé par la fonte des neiges roulait à vingt pas de nous une eau bourbeuse, et charriait avec bruit du limon, du sable et des pierres.

Derrière nous, une chaîne de rochers inaccessibles séparait l'esplanade où nous étions de cette partie des Alpes qu'on nomme les Glacières, parce que d'énormes sommets de glaces qui s'accroissent incessamment les couvrent depuis le commencement du monde. [1] Des forêts de noirs sapins nous ombrageaient tristement à droite. Un grand bois de chênes était à gauche au delà du torrent ; et au-dessous de nous, cette immense plaine d'eau que le lac forme au sein des Alpes nous séparait des riches côtes du pays de Vaud, dont la cime du majestueux Jura couronnait le tableau.

Au milieu de ces grands et superbes objets, le petit terrain où nous étions étalait les charmes d'un séjour riant et champêtre ; quelques ruisseaux filtraient à travers les rochers, et roulaient sur la verdure en filets de cristal ; quelques arbres fruitiers sauvages penchaient leurs têtes sur les nôtres ; la terre humide et fraîche était couverte d'herbes et de fleurs. En comparant un si doux séjour aux objets qui l'environnaient, il semblait que ce lieu désert dût être l'asile de deux amants échappés seuls au bouleversement de la nature.

Ibidem (Lettre de Saint-Preux à milord Edouard).

1 Ces montagnes sont si hautes, qu'une demi-heure après le soleil couché leurs sommets sont encore éclairés de ses rayons, dont le rouge forme sur ces cimes blanches une belle couleur de rose qu'on aperçoit de fort loin.

Mort de Julie.

Toute la famille alla hier dîner à Chillon. M. le baron, qui allait en Savoie passer quelques jours au château de Blonay, partit après le dîner. On l'accompagna quelques pas, puis on se promena le long de la digue. Mme d'Orbe et Mme la baillive marchaient devant avec monsieur. Madame suivait, tenant d'une main Henriette et de l'autre Marcellin. J'étais derrière avec l'aîné. Mgr le bailli, qui s'était arrêté pour parler à quelqu'un, vint rejoindre la compagnie, et offrit le bras à madame. Pour le prendre elle me renvoie Marcellin : il court à moi, j'accours à lui; en courant, l'enfant fait un faux pas, le pied lui manque, il tombe dans l'eau. Je pousse un cri perçant : madame se retourne, voit tomber son fils, part comme un trait et s'élance après lui.....

Ah ! misérable, que n'en fis-je autant ! que n'y suis-je restée ! Hélas ! je retenais l'aîné, qui voulait sauter après sa mère..... elle se débattait en serrant l'autre entre ses bras..... On n'avait là ni gens ni bateau, il fallut du temps pour les retirer..... L'enfant est remis ; mais la mère..... le saisissement, la chute, l'état où elle était..... Qui sait mieux que moi combien cette chute est dangereuse ?.... Elle resta très-longtemps sans connaissance. A peine l'eut-elle reprise qu'elle demanda son fils..... Avec quels transports de joie elle l'embrassa! je la crus sauvée; mais sa vivacité ne dura qu'un moment. Elle voulut être ramenée ici; durant la route elle s'est trouvée mal plusieurs fois. Sur quelques ordres qu'elle m'a donnés, je vois qu'elle ne croit pas en revenir. Je suis trop malheureuse, elle n'en reviendra pas. Mme d'Orbe est plus changée qu'elle. Tout le monde est dans une agitation..... Je suis la plus tranquille de toute la maison..... De quoi m'inquiéterais-je?.... Ma bonne maîtresse! ah! si je vous perds, je n'aurai plus besoin de personne..... O mon cher monsieur, que le bon Dieu vous soutienne dans cette épreuve!.... Adieu..... Le médecin sort de la chambre. Je cours au devant de lui..... S'il nous donne quelque bonne espérance, je vous le marquerai. Si je ne dis rien.....

Ibidem (Lettre de Fanchon Anet à Saint-Preux).

—

L'effroi, l'émotion, la chute, lui laissèrent une longue faiblesse, dont elle ne revint tout à fait qu'ici. En arrivant, elle redemanda son fils; il vint: à peine le vit-elle marcher et répondre à ses caresses, qu'elle devint tout à fait tranquille et consentit à prendre un peu de repos. Son sommeil fut court: et comme le médecin n'arrivait point encore, en l'attendant, elle nous fit asseoir autour de son lit, la Fanchon, sa cousine et moi. Elle nous parla de ses enfants, des soins assidus qu'exigeait auprès d'eux la forme d'éducation qu'elle avait prise, et du danger de les négliger un moment. Sans donner une grande importance à sa maladie, elle prévoyait qu'elle l'empêcherait quelque temps de remplir sa part des mêmes soins, et nous chargeait tous de répartir cette part sur les nôtres.

Elle s'étendit sur tous ses projets, sur les vôtres, sur les moyens les plus propres à les faire réussir, sur les observations qu'elle avait faites et qui pouvaient les favoriser ou leur nuire, enfin sur tout ce qui devait nous mettre en état de suppléer à ses fonctions de mère aussi longtemps qu'elle serait forcée à les suspendre. C'était, pensais-je, bien des précautions pour quelqu'un qui ne se croyait privé que durant quelques jours d'une occupation si chère: mais ce qui m'effraya tout à fait, ce fut de voir qu'elle entrait pour Henriette dans un bien plus grand détail encore. Elle s'était bornée à ce qui regardait la première enfance de ses fils, comme se déchargeant sur un autre du soin de leur jeunesse: pour sa fille, elle embrassa tous les temps; et sentant bien que personne ne suppléerait sur ce point aux réflexions que sa propre expérience lui avait fait faire, elle nous exposa en abrégé, mais avec force et clarté, le plan d'éducation qu'elle avait fait pour elle, employant près de Claire les raisons les plus vives et les plus touchantes exhortations pour l'engager à le suivre.

Toutes ces idées sur l'éducation des jeunes personnes et sur les devoirs des mères, mêlées de fréquents retours sur elle-même, ne pouvaient manquer de jeter de la chaleur dans l'entretien. Je vis qu'il s'animait trop. Claire tenait une des mains de sa cousine, et la pressait à chaque instant contre sa bouche, en sanglotant pour toute réponse ; la Fanchon n'était pas plus tranquille ; et pour Julie, je remarquai que les larmes lui roulaient aussi dans les yeux, mais qu'elle n'osait pleurer de peur de nous alarmer davantage. Aussitôt je me dis : « Elle se voit morte. » Le seul espoir qui me resta fut que la frayeur pouvait l'abuser sur son état, et lui montrer le danger plus grand qu'il n'était peut-être. Malheureusement, je la connaissais trop pour compter beaucoup sur cette erreur.....

On amena les enfants. Alors, il ne fut plus question que d'eux ; et vous pouvez juger si, se sentant prête à les quitter, ses caresses furent tièdes et modérées. J'observai même qu'elle revenait plus souvent et avec des étreintes encore plus ardentes à celui qui lui coûtait la vie, comme s'il lui fût devenu plus cher à ce prix.

Tous ces embrassements, ces soupirs, ces transports, étaient des mystères pour ces pauvres enfants. Ils l'aimaient tendrement, mais c'était la tendresse de leur âge ; ils ne comprenaient rien à son état, au redoublement de ses caresses, à ses regrets de ne les voir plus; ils nous voyaient tristes, et ils pleuraient : ils n'en savaient pas davantage. Quoiqu'on apprenne aux enfants le nom de la mort, ils n'en ont aucune idée, ils ne la craignent ni pour eux ni pour les autres ; ils craignent de souffrir et non de mourir. Quand la douleur arrachait quelque plainte à leur mère, ils perçaient l'air de leurs cris, quand on leur parlait de la perdre, on les aurait crus stupides. La seule Henriette, un peu plus âgée, et d'un sexe où le sentiment et les lumières se développent plus tôt, paraissait troublée et alarmée de voir sa petite maman dans un lit, elle qu'on voyait toujours levée avant ses enfants. Je me souviens qu'à ce propos Julie fit une réflexion tout à fait dans son caractère sur l'imbécile vanité de Vespasien, qui resta couché tandis qu'il pouvait agir et se leva lorsqu'il ne put plus rien faire. « Je ne sais pas, dit-elle, s'il faut qu'un empereur meure debout, mais je sais bien qu'une mère de famille ne doit s'aliter que pour mourir. »

Après avoir épanché son cœur sur ses enfants, après les avoir pris chacun à part, surtout Henriette, qu'elle tint fort longtemps, et qu'on entendait plaindre et sangloter en recevant ses baisers, elle les appela tous trois, leur donna sa bénédiction et leur dit, en leur montrant Mme d'Orbe : « Allez, mes enfants, allez vous jeter aux pieds de votre mère : voilà celle que Dieu vous donne ; il ne vous a rien ôté. »

(Julie s'entretient avec le pasteur de Clarens.)

« Quant à la préparation à la mort, Monsieur, elle est faite, mal il est vrai, mais de mon mieux, et mieux du moins que je ne la pourrais faire à présent. J'ai tâché de ne pas attendre pour remplir cet important devoir que j'en fusse incapable. Je priais en santé, maintenant je me résigne. La prière du malade est la patience : la préparation à la mort est une bonne vie ; je n'en connais point d'autre. Quand je conversais avec vous, quand je me recueillais seule, quand je m'efforçais de remplir les devoirs que Dieu m'impose, c'est alors que je me disposais à paraître devant lui, c'est alors que je l'adorais de toutes les forces qu'il m'a données : que ferais-je aujourd'hui que je les ai perdues ? mon âme aliénée est-elle en état de s'élever à lui ? Ces restes d'une vie à demi-éteinte, absorbés par la souffrance, sont-

ils dignes de lui être offerts? Non, Monsieur, il me
les laisse pour être donnés à ceux qu'il m'a fait
aimer et qu'il veut que je quitte : je leur fais mes
adieux pour aller à lui ; c'est d'eux qu'il faut que je
m'occupe : bientôt je m'occuperai de lui seul. Mes
derniers plaisirs sur la terre sont aussi mes derniers
devoirs : n'est-ce pas le servir encore et faire sa
volonté que de remplir les soins que l'humanité
m'impose avant d'abandonner sa dépouille? Que
faire pour apaiser des troubles que je n'ai pas? Ma
conscience n'est point agitée : si quelquefois elle m'a
donné des craintes, j'en avais plus en santé qu'aujourd'hui. Ma confiance les efface ; elle me dit que
Dieu est plus clément que je ne suis coupable, et
ma sécurité redouble en me sentant approcher de
lui. Je ne lui porte point un repentir imparfait, tar-
dif et forcé, qui, dicté par la peur, ne saurait être
sincère, et n'est qu'un piége pour le tromper. Je ne
lui porte pas le reste et le rebut de mes jours, pleins
de peines et d'ennuis, en proie à la maladie, aux
douleurs, aux angoisses de la mort, et que je ne lui
donnerais que quand je n'en pourrais plus rien faire.
Je lui porte ma vie entière, pleine de péchés et de
fautes, mais exempte des remords de l'impie et des
crimes du méchant.

« A quels tourments Dieu pourrait-il condamner
mon âme? Les réprouvés, dit-on, le haïssent : il

faudrait donc qu'il m'empêchât de l'aimer. Je ne crains pas d'augmenter leur nombre. O grand Être éternel, suprême intelligence, source de vie et de félicité, créateur, conservateur, père de l'homme et roi de la nature, Dieu tout-puissant, très-bon, dont je ne doutai jamais un moment, et sous les yeux duquel j'aimai toujours à vivre! je le sais, je m'en réjouis, je vais paraître devant ton trône. Dans peu de jours mon âme, libre de sa dépouille, commencera de t'offrir plus dignement cet immortel hommage qui doit faire mon bonheur durant l'éternité. Je compte pour rien tout ce que je serai jusqu'à ce moment. Mon corps vit encore, mais ma vie morale est finie. Je suis au bout de ma carrière, et déjà jugée sur le passé. Souffrir et mourir est tout ce qui me reste à faire; c'est l'affaire de la nature : mais moi, j'ai tâché de vivre de manière à n'avoir pas besoin de songer à la mort; et maintenant qu'elle approche, je la vois venir sans effroi. Qui s'endort dans le sein d'un père n'est pas en souci du réveil. »

Ainsi se passèrent les entretiens de cette journée, où la sécurité, l'espérance, le repos de l'âme, brillèrent plus que jamais dans celle de Julie, et lui donnaient d'avance, au jugement du ministre, la paix des bienheureux dont elle allait augmenter le nombre. Jamais elle ne fut plus tendre, plus vraie, plus caressante, plus aimable, en un mot plus elle-même. Toujours du sens, toujours du sentiment, toujours la fermeté du sage, et toujours la douceur du chrétien. Point de prétention, point d'apprêt, point de sentence; partout la naïve expression de ce qu'elle sentait; partout la simplicité de son cœur. Si quelquefois elle contraignait les plaintes que la souffrance aurait dû lui arracher, ce n'était point pour jouer l'intrépidité stoïque, c'était de peur de navrer ceux qui étaient autour d'elle; et, quand les horreurs de la mort faisaient quelque instant pâtir la nature, elle ne cachait point ses frayeurs, elle se laissait consoler: sitôt qu'elle était remise, elle consolait les autres : on voyait, on sentait son retour; son air caressant le disait à tout le monde. Sa gaîté n'était point contrainte, sa plaisanterie même était touchante; on avait le sourire à la bouche et les yeux en pleurs. Otez cet effroi qui ne permet pas de jouir de ce qu'on va perdre, elle plaisait plus, elle était plus aimable qu'en santé même, et le dernier jour de sa vie en fut aussi le plus charmant.

Ibidem (Lettre de M. de Wolmar à Saint-Preux).

—

Rousseau à sa nourrice.

Votre lettre, ma chère Jacqueline, est venue réjouir mon cœur dans un moment où je n'étais guère

en état d'y répondre. Je saisis un temps de relâche
pour vous remercier de votre souvenir, et de votre
amitié, qui me sera toujours chère. Pour moi je n'ai
point cessé de penser à vous et de vous aimer. Souvent je me suis dit dans mes souffrances que si ma
bonne Jacqueline n'eût pas tant pris de peine à me
conserver étant petit, je n'aurais pas souffert tant
de maux étant grand. Soyez persuadée que je ne
cesserai jamais de prendre le plus tendre intérêt à
votre santé et à votre bonheur, et que ce sera toujours un vrai plaisir pour moi de recevoir de vos
nouvelles. Adieu, ma chère et bonne Jacqueline. Je
ne vous parle pas de ma santé, pour ne pas vous
affliger; que le bon Dieu conserve la vôtre, et vous
comble de tous les biens que vous désirez.

Votre pauvre Jean-Jacques, qui vous embrasse
de tout son cœur.

Lettre à Jacqueline Danet, 1761.

La morale et l'intérêt.

Il y a un intérêt sensuel et palpable qui se rapporte uniquement à notre bien-être matériel, à la
fortune, à la considération, aux biens physiques qui
peuvent résulter pour nous de la bonne opinion

d'autrui. Tout ce qu'on fait pour un tel intérêt ne produit qu'un bien du même ordre, comme un marchand fait son bien en vendant sa marchandise le mieux qu'il peut. Si j'oblige un autre homme en vue de m'acquérir des droits sur sa reconnaissance, je ne suis en cela qu'un marchand qui fait le commerce, et même qui ruse avec l'acheteur. Si je fais l'aumône pour me faire estimer charitable et jouir des avantages attachés à cette estime, je ne suis encore qu'un marchand qui achète de la réputation. Il en est à peu près de même si je ne fais cette aumône que pour me délivrer de l'importunité d'un gueux ou du spectacle de sa misère. Tous les actes de cette espèce qui ont en vue un avantage extérieur ne peuvent porter le nom de bonnes actions; et l'on ne dit pas d'un marchand qui a bien fait ses affaires qu'il s'y est comporté vertueusement.

Il y a un autre intérêt qui ne tient point aux avantages de la société, qui n'est relatif qu'à nous-mêmes, au bien de notre âme, à notre bien-être absolu, et que pour cela j'appelle intérêt spirituel ou moral, par opposition au premier; intérêt qui, pour n'avoir pas des objets sensibles, matériels, n'en est pas moins vrai, pas moins grand, pas moins solide, et, pour tout dire en un mot, le seul qui, tenant intimement à notre nature, tende à notre véritable bonheur. Voilà l'intérêt que la vertu se propose, et qu'elle doit se proposer, sans rien ôter au mérite, à la pureté, à la bonté morale des actions qu'elle inspire.

Lettre à M. d'Offreville, 1761.

—

Vocation de Rousseau.

Les amis de la vérité ne sont pas bienvenus dans les cours, et ne doivent pas s'attendre à l'être. Chacun a sa vocation sur la terre; la mienne est de dire au public des vérités dures, mais utiles; je tâche de la remplir sans m'embarrasser du mal que m'en veulent les méchants, et qu'ils me font quand ils peuvent. J'ai prêché l'humanité, la douceur, la tolérance, autant qu'il a dépendu de moi; ce n'est pas ma faute si l'on ne m'a pas écouté; du reste, je me suis fait une loi de m'en tenir toujours aux vérités générales: je ne fais ni libelles, ni satires; je n'attaque point un homme, mais les hommes; ni une action, mais un vice. Je ne saurais aller au delà.

Lettre à M. R..., 1761.

—

Les promenades de Jean-Jacques.

Quels temps croiriez-vous que je me rappelle le plus souvent et le plus volontiers dans mes rêves ? Ce ne sont point les plaisirs de ma jeunesse; ils furent trop rares, trop mêlés d'amertume, et sont déjà trop loin de moi. Ce sont ceux de ma retraite; ce sont mes promenades solitaires, ce sont ces jours rapides, mais délicieux, que j'ai passés tout entiers avec moi seul, avec ma bonne et simple gouvernante, avec mon chien bien-aimé, ma vieille chatte, avec les oiseaux de la campagne et les biches de la forêt, avec la nature entière et son inconcevable auteur. En me levant avant le soleil pour aller voir, contempler son lever dans mon jardin, quand je voyais commencer une belle journée, mon premier souhait était que ni lettres, ni visites, n'en vinssent troubler le charme. Après avoir donné la matinée à divers soins que je remplissais tous avec plaisir, parce que je pouvais les remettre à un autre temps, je me hâtais de dîner pour échapper aux importuns et me ménager un plus long après-midi. Avant une heure, même les jours les plus ardents, je partais par le grand soleil avec le fidèle Achate,[1] pressant le pas dans la crainte que quelqu'un ne vînt s'emparer de moi avant que j'eusse pu m'esquiver ; mais quand

[1] Son chien et son « ami » (Voir p. 105).

une fois j'avais pu doubler un certain coin, avec quel battement de cœur, avec quel pétillement de joie je commençais à respirer en me sentant sauvé, en me disant : « Me voilà maître de moi pour le reste de ce jour! » J'allais alors d'un pas plus tranquille chercher quelque lieu sauvage dans la forêt, quelque lieu désert où rien ne montrant la main des hommes n'annonçât la servitude et la domination, quelque asile où je pusse croire avoir pénétré le premier, et où nul tiers importun ne vînt s'interposer entre la nature et moi. C'était là qu'elle semblait déployer à mes yeux une magnificence toujours nouvelle. L'or des genêts et la pourpre des bruyères frappaient mes yeux d'un luxe qui touchait mon cœur ; la majesté des arbres qui me couvraient de leur ombre, la délicatesse des arbustes qui m'environnaient, l'étonnante variété des herbes et des fleurs que je foulais sous mes pieds, tenaient mon esprit dans une alternative continuelle d'observation et d'admiration : le concours de tant d'objets intéressants qui se disputaient mon attention, m'attirant sans cesse de l'un à l'autre, favorisait mon humeur rêveuse et paresseuse et me faisait souvent redire en moi-même : « Non, Salomon dans toute sa gloire ne fut jamais vêtu comme l'un d'eux. »

Mon imagination ne laissait pas longtemps déserte la terre ainsi parée. Je la peuplais bientôt d'êtres selon mon cœur, et, chassant bien loin l'opinion, les préjugés, toutes les passions factices, je transportais dans les asiles de la nature des hommes dignes de les habiter. Je m'en formais une société charmante dont je ne me sentais pas indigne, je me faisais un siècle d'or à ma fantaisie, et remplissant ces beaux jours de toutes les scènes de ma vie qui m'avaient laissé de doux souvenirs et de toutes celles que mon cœur pouvait désirer encore, je m'attendrissais jusqu'aux larmes sur les vrais plaisirs de l'humanité, plaisirs si délicieux, si purs, et qui sont désormais si loin des hommes. Oh! si dans ces moments, quelque idée de Paris, de mon siècle et de ma petite gloriole d'auteur venait troubler mes rêveries, avec quel dédain je la chassais à l'instant pour me livrer, sans distraction, aux sentiments exquis dont mon âme était pleine! Cependant, au milieu de tout cela, je l'avoue, le néant de mes chimères venait quelquefois la contrister tout à coup. Quand tous mes rêves se seraient tournés en réalités, ils ne m'auraient pas suffi; j'aurais imaginé, rêvé, désiré encore. Je trouvais en moi un vide inexplicable que rien n'aurait pu remplir, un certain élancement de cœur vers une autre sorte de jouissance dont je n'avais pas d'idée, et dont pourtant je sentais le besoin. Hé bien, cela même était jouissance, puisque j'en étais pénétré d'un sentiment très-vif et d'une tristesse attirante, que je n'aurais pas voulu ne pas avoir.

Bientôt, de la surface de la terre j'élevais mes idées à tous les êtres de la nature, au système universel des choses, à l'être incompréhensible qui embrasse tout. Alors, l'esprit perdu dans cette immensité, je ne pensais pas, je ne raisonnais pas, je ne philosophais pas, je me sentais, avec une sorte de volupté, accablé du poids de cet univers, je me livrais avec ravissement à la confusion de ces grandes idées, j'aimais à me perdre en imagination dans l'espace, mon cœur resserré dans les bornes des êtres s'y trouvait trop à l'étroit; j'étouffais dans l'univers; j'aurais voulu m'élancer dans l'infini. Je crois que, si j'eusse dévoilé tous les mystères de la nature, je me serais senti dans une situation moins délicieuse que cette étourdissante extase à laquelle mon esprit se livrait sans retenue, et qui, dans l'agitation de mes transports, me faisait écrier quelquefois : « O grand Être! ô grand Être! » sans pouvoir dire ni penser rien de plus.

Ainsi s'écoulaient dans un délire continuel les journées les plus charmantes que jamais créature humaine ait passées : et quand le coucher du soleil me faisait songer à la retraite, étonné de la rapidité du temps, je croyais n'avoir pas assez mis à profit ma journée, je pensais en pouvoir jouir davantage encore ; et, pour réparer le temps perdu, je me disais : « Je reviendrai demain. »

Je revenais à petits pas, la tête un peu fatiguée, mais le cœur content ; je me reposais agréablement au retour, en me livrant à l'impression des objets, mais sans penser, sans imaginer, sans rien faire autre chose que sentir le calme et le bonheur de ma situation. Je trouvais mon couvert mis sur ma terrasse. Je soupais de grand appétit dans mon petit domestique ; nulle image de servitude et de dépendance ne troublait la bienveillance qui nous unissait tous. Mon chien lui-même était mon ami, non mon esclave; nous avions toujours la même volonté, mais jamais il ne m'a obéi. Ma gaieté durant toute la soirée témoignait que j'avais vécu seul tout le jour; j'étais bien différent quand j'avais vu de la compagnie : j'étais rarement content des autres, et jamais de moi. Le soir, j'étais grondeur et taciturne : cette remarque est de ma gouvernante, et, depuis qu'elle me l'a dite, je l'ai toujours trouvée juste en m'observant. Enfin, après avoir fait encore quelques tours dans mon jardin, ou chanté quelque air sur mon épinette, je trouvais dans mon lit un repos de corps et d'âme cent fois plus doux que le sommeil même.

Lettre à M. de Malesherbes, 1762.

L'instruction sans la sagesse.

Vous voulez commencer par apprendre aux hommes la vérité pour les rendre sages; et, tout au contraire, il faudrait d'abord les rendre sages pour leur faire aimer la vérité. La vérité n'a presque jamais rien fait dans le monde, parce que les hommes se conduisent toujours plus par leurs passions que par leurs lumières, et qu'ils font le mal, approuvant le bien. Le siècle où nous vivons est des plus éclairés, même en morale: est-il des meilleurs?.... Non, Messieurs, vous pourrez instruire les peuples, mais vous ne les rendrez ni meilleurs ni plus heureux. C'est une des choses qui m'ont le plus découragé durant ma courte carrière littéraire, de sentir que, même me supposant tous les talents dont j'avais besoin, j'attaquerais sans fruit des erreurs funestes, et que, quand je les pourrais vaincre, les choses n'en iraient pas mieux. J'ai quelquefois charmé mes maux en satisfaisant mon cœur, mais sans m'en imposer sur l'effet de mes soins. Plusieurs m'ont lu, quelques-uns m'ont approuvé même ; et, comme je l'avais prévu, tous sont restés ce qu'ils étaient auparavant.

Lettre à la Société économique de Berne, 1762.

Du droit du plus fort.

Le plus fort n'est jamais assez fort pour être toujours le maître, s'il ne transforme sa force en droit, et l'obéissance en devoir. De là le droit du plus fort; droit pris ironiquement en apparence, et réellement établi en principe. Mais ne nous expliquera-t-on jamais ce mot? La force est une puissance physique; je ne vois point quelle moralité peut résulter de ses effets. Céder à la force est un acte de nécessité, non de volonté; c'est tout au plus un acte de prudence. En quel sens pourra-ce être un devoir?

Supposons un moment ce prétendu droit. Je dis qu'il n'en résulte qu'un galimatias inexplicable; car, sitôt que c'est la force qui fait le droit, l'effet change avec la cause: toute force qui surmonte la première succède à son droit. Sitôt qu'on peut désobéir impunément, on le peut légitimement; et puisque le plus fort a toujours raison, il ne s'agit que de faire en sorte qu'on soit le plus fort. Or, qu'est-ce qu'un droit qui périt quand la force cesse? S'il faut obéir par force, on n'a pas besoin d'obéir par devoir; et si l'on n'est plus forcé d'obéir, on n'y est plus obligé. On voit donc que ce mot de *droit* n'ajoute rien à la force; il ne signifie ici rien du tout.

Obéissez aux puissances. Si cela veut dire: Cédez

à la force, le précepte est bon, mais superflu ; je réponds qu'il ne sera jamais violé. Toute puissance vient de Dieu, je l'avoue ; mais toute maladie en vient aussi : est-ce à dire qu'il soit défendu d'appeler le médecin ? Qu'un brigand me surprenne au coin d'un bois, non-seulement il faut, par force, donner la bourse ; mais, quand je pourrais la soustraire, suis-je en conscience obligé de la donner ? car enfin le pistolet qu'il tient est aussi une puissance.

Convenons donc que force ne fait pas droit, et qu'on n'est obligé d'obéir qu'aux puissances légitimes.

Contrat social, 1762.

—

De la loi.

Ce qui est bien et conforme à l'ordre est tel par la nature des choses et indépendamment des conventions humaines. Toute justice vient de Dieu, lui seul en est la source ; mais si nous savions la recevoir de si haut, nous n'aurions besoin ni de gouvernement ni de lois. Sans doute il est une justice universelle émanée de la raison seule ; mais cette justice, pour être admise entre nous, doit être réciproque. A considérer humainement les choses, faute de sanction naturelle, les lois de la justice sont vaines parmi les hommes; elles ne font que le bien du méchant et le mal du juste, quand celui-ci les observe avec tout le monde sans que personne les observe avec lui. Il faut donc des conventions et des lois pour unir les droits aux devoirs et ramener la justice à son objet. Dans l'état de nature, où tout est commun, je ne dois rien à ceux à qui je n'ai rien promis; je ne reconnais pour être à autrui que ce qui m'est inutile. Il n'en est pas ainsi dans l'état civil, où tous les droits sont fixés par la loi.

Mais qu'est-ce donc enfin qu'une loi? Tant qu'on se contentera de n'attacher à ce mot que des idées métaphysiques, on continuera de raisonner sans s'entendre; et quand on aura dit ce que c'est qu'une loi de la nature, on n'en saura pas mieux ce que c'est qu'une loi de l'Etat.

J'ai déjà dit qu'il n'y avait point de volonté générale sur un objet particulier. En effet, cet objet particulier est dans l'Etat ou hors de l'Etat. S'il est hors de l'Etat, une volonté qui lui est étrangère n'est point générale par rapport à lui; et si cet objet est dans l'Etat, il en fait partie : alors il se forme entre le tout et sa partie une relation qui en fait deux êtres séparés, dont la partie est l'un, et le tout, moins cette même partie, est l'autre. Mais le tout moins une partie n'est point le tout; et tant que ce rapport subsiste, il n'y a plus de tout, mais deux parties inégales : d'où il suit que la volonté de l'une n'est point non plus générale par rapport à l'autre.

Mais, quand tout le peuple statue sur tout le peuple, il ne considère que lui-même ; et s'il se forme alors un rapport, c'est de l'objet entier sous un point de vue à l'objet entier sous un autre point de vue, sans aucune division du tout. Alors la matière sur laquelle on statue est générale comme la volonté qui statue. C'est cet acte que j'appelle une loi.

Quand je dis que l'objet des lois est toujours général, j'entends que la loi considère les sujets en corps et les actions comme abstraites, jamais un homme comme individu ni une action particulière. Ainsi la loi peut bien statuer qu'il y aura des priviléges, mais elle n'en peut donner nommément à personne ; la loi peut faire plusieurs classes de citoyens, assigner même les qualités qui donneront droit à ces classes, mais elle ne peut nommer tels et tels pour y être admis ; elle peut établir un gouvernement royal et une succession héréditaire, mais elle ne peut élire un roi, ni nommer une famille royale : en un mot, toute fonction qui se rapporte à un objet individuel n'appartient point à la puissance législative.

Sur cette idée, on voit à l'instant qu'il ne faut plus demander à qui il appartient de faire des lois, puisqu'elles sont des actes de la volonté générale; ni si le prince est au-dessus des lois, puisqu'il est membre de l'Etat; ni si la loi peut être injuste, puisque nul n'est injuste envers lui-même; ni comment on est libre et soumis aux lois, puisqu'elles ne sont que des registres de nos volontés.

On voit encore que, la loi réunissant l'universalité de la volonté et celle de l'objet, ce qu'un homme, quel qu'il puisse être, ordonne de son chef, n'est point une loi: ce qu'ordonne même le souverain sur un objet particulier n'est pas non plus une loi, mais un décret; ni un acte de souveraineté, mais de magistrature.

J'appelle donc république tout Etat régi par des lois, sous quelque forme d'administration que ce puisse être: car alors seulement l'intérêt public gouverne, et la chose publique est quelque chose. Tout gouvernement légitime est républicain;[1] j'expliquerai ci-après ce que c'est que gouvernement.

Les lois ne sont proprement que les conditions de l'association civile. Le peuple, soumis aux lois, en

[1] Je n'entends pas seulement par ce mot une aristocratie ou une démocratie, mais en général tout gouvernement guidé par la volonté générale, qui est la loi. Pour être légitime, il ne faut pas que le gouvernement se confonde avec le souverain, mais qu'il en soit le ministre: alors la monarchie elle-même est république.

doit être l'auteur; il n'appartient qu'à ceux qui s'associent de régler les conditions de la société. Mais comment les régleront-ils? Sera-ce d'un commun accord, par une inspiration subite? Le corps politique a-t-il un organe pour énoncer ses volontés? Qui lui donnera la prévoyance nécessaire pour en former les actes et les publier d'avance? ou comment les prononcera-t-il au moment du besoin? Comment une multitude aveugle, qui souvent ne sait ce qu'elle veut, parce qu'elle sait rarement ce qui lui est bon, exécuterait-elle d'elle-même une entreprise aussi grande, aussi difficile qu'un système de législation? De lui-même, le peuple veut toujours le bien, mais de lui-même, il ne le voit pas toujours. La volonté générale est toujours droite, mais le jugement qui la guide n'est pas toujours éclairé. Il faut lui faire voir les objets tels qu'ils sont, quelquefois tels qu'ils doivent lui paraître, lui montrer le bon chemin qu'elle cherche, la garantir des séductions des volontés particulières, rapprocher à ses yeux les lieux et les temps, balancer l'attrait des avantages présents et sensibles par le danger des maux éloignés et cachés. Les particuliers voient le bien qu'ils rejettent; le public veut le bien qu'il ne voit pas. Tous ont également besoin de guides. Il faut obliger les uns à conformer leurs volontés à leur raison; il faut apprendre à l'autre à connaître ce qu'il veut.

Alors, des lumières publiques résulte l'union de l'entendement et de la volonté dans le corps social; de là, l'exact concours des parties, et enfin la plus grande force du tout. Voilà d'où naît la nécessité d'un législateur.

Ibidem.

—

Calvin législateur.

Ceux qui ne considèrent Calvin que comme théologien connaissent mal l'étendue de son génie. La rédaction de nos sages édits, à laquelle il eut beaucoup de part, lui fait autant d'honneur que son *Institution.* Quelque révolution que le temps puisse amener dans notre culte, tant que l'amour de la patrie et de la liberté ne sera pas éteint parmi nous, jamais la mémoire de ce grand homme ne cessera d'y être en bénédiction.

Ibidem.

—

Usage absurde du maillot.

« A peine l'enfant est-il sorti du sein de la mère, et à peine jouit-il de la liberté de mouvoir et d'étendre ses membres, qu'on lui donne de nouveaux liens. On l'emmaillotte, on le couche la tête fixée et les jambes allongées, les bras pendants à côté du corps; il est entouré de linges et de bandages de toute espèce, qui ne lui permettent pas de changer de situation. Heureux si on ne l'a pas serré au point de l'empêcher de respirer. » (Buffon, *Hist. nat.*)

L'enfant nouveau-né a besoin d'étendre et de mouvoir ses membres. On les étend, il est vrai, mais on les empêche de se mouvoir; on assujettit la tête même par des têtières: il semble qu'on a peur qu'il n'ait l'air d'être en vie: je ne vois pas ce qu'il a gagné de naître.

L'inaction, la contrainte où l'on retient les membres d'un enfant, ne peuvent que gêner la circulation du sang, des humeurs, empêcher l'enfant de se fortifier, de croître, et altérer sa constitution. Dans les lieux où l'on n'a point ces précautions extravagantes, les hommes sont tous grands, forts, bien proportionnés. Les pays où l'on emmaillotte les enfants sont ceux qui fourmillent de bossus, de boiteux, de cagneux, de noués, de rachitiques, de gens contrefaits de toute espèce. De peur que les corps ne se déforment par des mouvements libres, on se hâte de les déformer en les mettant en presse. On les rendrait volontiers perclus pour les empêcher de s'estropier.

Une contrainte si cruelle pourrait-elle ne pas influer sur leur humeur ainsi que sur leur tempérament? Leur premier sentiment est un sentiment de douleur et de peine : ils ne trouvent qu'obstacles à tous les mouvements dont ils ont besoin: plus malheureux qu'un criminel aux fers, ils font de vains efforts, ils s'irritent, ils crient. Leurs premières voix, dites-vous, sont des pleurs? Je le crois bien: vous les contrariez dès leur naissance; les premiers dons qu'ils reçoivent de vous sont des chaînes; les premiers traitements qu'ils éprouvent sont des tourments. N'ayant rien de libre que la voix, comment ne s'en serviraient-ils pas pour se plaindre! Ils crient du mal que vous leur faites: ainsi garrotté, vous crieriez plus fort qu'eux.

D'où vient cet usage déraisonnable? d'un usage dénaturé. Depuis que les mères, méprisant leur premier devoir, n'ont plus voulu nourrir leurs enfants, il a fallu les confier à des femmes mercenaires, qui, se trouvant ainsi mères d'enfants étrangers pour qui la nature ne leur disait rien, n'ont cherché qu'à s'épargner de la peine. Il eût fallu veiller sans cesse sur un enfant en liberté : mais, quand il est bien lié, on le jette dans un coin sans s'embarrasser de ses cris.....

On prétend que les enfants en liberté pourraient prendre de mauvaises situations et se donner des

mouvements capables de nuire à la bonne confor-
mation de leurs membres. C'est là un de ces vains
raisonnements de notre fausse sagesse, et que jamais
aucune expérience n'a confirmés. De cette multitude d'enfants qui, chez des peuples plus sensés que
nous, sont nourris dans toute la liberté de leurs
membres, on n'en voit pas un seul qui se blesse ni
s'estropie : ils ne sauraient donner à leurs mouvements la force qui peut les rendre dangereux ; et
quand ils prennent une situation violente, la douleur les avertit bientôt d'en changer.

Nous ne nous sommes pas encore avisés de mettre au maillot les petits des chiens ni des chats ;
voit-on qu'il résulte pour eux quelque inconvénient
de cette négligence ?.....

Point de têtières, point de bandes, point de maillot ; des langes flottants et larges, qui laissent tous
les membres de l'enfant en liberté, et ne soient ni
assez pesants pour gêner ses mouvements, ni assez
chauds pour empêcher qu'il ne sente les impressions de l'air. Placez-le dans un grand berceau bien
rembourré, où il puisse se mouvoir à l'aise et sans
danger. Quand il commence à se fortifier, laissez-le
ramper par la chambre ; laissez-lui développer,
étendre ses petits membres ; vous les verrez se renforcer de jour en jour. Comparez-le avec un enfant

bien emmaillotté du même âge, vous serez étonné de la différence de leurs progrès.

Émile, ou de l'éducation, 1762.

—

L'allaitement par la mère.

J'ai vu quelquefois le petit manége des jeunes femmes qui feignent de vouloir nourrir leurs enfants. On sait se faire presser de renoncer à cette fantaisie : on fait adroitement intervenir les époux, les médecins, surtout les mères. Un mari qui oserait consentir que sa femme nourrît son enfant serait un homme perdu ; l'on en ferait un assassin qui veut se défaire d'elle. Maris prudents, il faut immoler à la paix l'amour paternel.

Le devoir des femmes n'est pas douteux : mais on dispute si, dans le mépris qu'elles en font, il est égal pour les enfants d'être nourris de leur lait ou d'un autre. Je tiens cette question, dont les médecins sont les juges, pour décidée au souhait des femmes ; et pour moi, je penserais bien aussi qu'il vaut mieux que l'enfant suce le lait d'une nourrice en santé que d'une mère gâtée, s'il avait quelque nouveau mal à craindre du même sang dont il est formé.

Mais la question doit-elle s'envisager seulement par le côté physique? et l'enfant a-t-il moins besoin des soins d'une mère que de sa mamelle? D'autres femmes, des bêtes même, pourront lui donner le lait qu'elle lui refuse : la sollicitude maternelle ne se supplée point. Celle qui nourrit l'enfant d'une autre au lieu du sien est une mauvaise mère ; comment sera-t-elle une bonne nourrice? elle pourra le devenir, mais lentement; il faudra que l'habitude change la nature : et l'enfant mal soigné aura le temps de périr cent fois avant que sa nourrice ait pris pour lui une tendresse de mère.

De cet avantage même résulte un inconvénient qui seul devrait ôter à toute femme sensible le courage de faire nourrir son enfant par une autre, c'est celui de partager le droit de mère, ou plutôt de l'aliéner; de voir son enfant aimer une autre femme autant et plus qu'elle ; de sentir que la tendresse qu'il conserve pour sa propre mère est une grâce, et que celle qu'il a pour sa mère adoptive est un devoir : car, où j'ai trouvé les soins d'une mère, ne dois-je pas l'attachement d'un fils?

La manière dont on remédie à cet inconvénient est d'inspirer aux enfants du mépris pour leurs nourrices, en les traitant en véritables servantes. Quand leur service est achevé, on retire l'enfant, ou l'on congédie la nourrice ; à force de la mal recevoir, on la rebute de venir voir son nourrisson. Au bout de quelques années, il ne la voit plus, il ne la connaît plus. La mère, qui croit se substituer à elle et réparer sa négligence par sa cruauté, se trompe. Au lieu de faire un tendre fils d'un nourrisson dénaturé, elle l'exerce à l'ingratitude ; elle lui apprend à mépriser un jour celle qui lui donna la vie, comme celle qui l'a nourri de son lait.

Combien j'insisterais sur ce point, s'il était moins décourageant de rebattre en vain des sujets utiles ! Ceci tient à plus de choses qu'on ne pense. Voulez-vous rendre chacun à ses premiers devoirs ; commencez par les mères ; vous serez étonné des changements que vous produirez. Tout vient successivement de cette première dépravation : tout l'ordre moral s'altère ; le naturel s'éteint dans tous les cœurs ; l'intérieur des maisons prend un air moins vivant ; le spectacle touchant d'une famille naissante n'attache plus les maris, n'impose plus d'égards aux étrangers ; on respecte moins la mère dont on ne voit pas les enfants ; il n'y a point de résidence dans les familles ; l'habitude ne renforce plus les liens du sang ; il n'y a ni pères, ni mères, ni enfants, ni frères, ni sœurs ; tous se connaissent à peine, comment s'aimeraient-ils ? Chacun ne songe plus qu'à soi. Quand la maison n'est qu'une triste solitude, il faut bien aller s'égayer ailleurs.

Ibidem.

L'éducation négative.

La plus grande, la plus importante, la plus utile règle de toute l'éducation, ce n'est pas de gagner du temps, c'est d'en perdre. Lecteurs vulgaires, pardonnez-moi mes paradoxes : il en faut faire quand on réfléchit; et, quoi que vous puissiez dire, j'aime mieux être homme à paradoxes qu'homme à préjugés. Le plus dangereux intervalle de la vie humaine est celui de la naissance à l'âge de douze ans. C'est le temps où germent les erreurs et les vices, sans qu'on ait encore aucun instrument pour les détruire; et quand l'instrument vient, les racines sont si profondes, qu'il n'est plus temps de les arracher. Si les enfants sautaient tout d'un coup de la mamelle à l'âge de raison, l'éducation qu'on leur donne pourrait leur convenir; mais, selon le progrès naturel, il leur en faudrait une toute contraire. Il faudrait qu'ils ne fissent rien de leur âme jusqu'à ce qu'elle eût toutes ses facultés: car il est impossible qu'elle aperçoive le flambeau que vous lui présentez tandis qu'elle est aveugle, et qu'elle suive dans l'immense plaine des idées une route que la raison trace encore si légèrement pour les meilleurs yeux.

La première éducation doit donc être purement négative. Elle consiste, non point à enseigner la vertu ni la vérité, mais à garantir le cœur du vice et l'esprit de l'erreur. Si vous pouviez ne rien faire et ne rien laisser faire; si vous pouviez amener votre élève sain et robuste à l'âge de douze ans, sans qu'il sût distinguer sa main droite de sa main gauche, dès vos premières leçons les yeux de son entendement s'ouvriraient à la raison ; sans préjugés, sans habitudes, il n'aurait rien en lui qui pût contrarier l'effet de vos soins. Bientôt il deviendrait entre vos mains le plus sage des hommes; et, en commençant par ne rien faire, vous auriez fait un prodige d'éducation.

Exercez son corps, ses organes, ses sens, sa force, mais tenez son âme oisive aussi longtemps qu'il se pourra. Redoutez tous les sentiments antérieurs au jugement qui les apprécie. Retenez, arrêtez les impressions étrangères: et, pour empêcher le mal de naître, ne vous pressez point de faire le bien; car il n'est jamais tel que quand la raison l'éclaire. Regardez tous les délais comme des avantages: c'est gagner beaucoup que d'avancer vers le terme sans rien perdre; laissez mûrir l'enfance dans les enfants.

Enfin, quelque leçon leur devient-elle nécessaire, gardez-vous de la donner aujourd'hui, si vous pouvez différer jusqu'à demain sans danger.

Une autre considération, qui confirme l'utilité de cette méthode, est celle du génie particulier de l'enfant, qu'il faut bien connaître pour savoir quel régime moral lui convient. Chaque esprit a sa forme propre selon laquelle il a besoin d'être gouverné; et il importe au succès des soins qu'on prend qu'il soit gouverné par cette forme et non par une autre. Homme prudent, épiez longtemps la nature, observez bien votre élève avant de lui dire le premier mot; laissez d'abord le germe de son caractère en pleine liberté de se montrer, ne le contraignez en quoi que ce puisse être, afin de le mieux voir tout entier. Pensez-vous que ce temps de liberté soit perdu pour lui? tout au contraire; il sera le mieux employé, car c'est ainsi que vous apprendrez à ne pas perdre un seul moment dans un temps plus précieux: au lieu que, si vous commencez d'agir avant de savoir ce qu'il faut faire, vous agirez au hasard; sujet à vous tromper, il faudra revenir sur vos pas, vous serez plus éloigné du but que si vous eussiez été moins pressé de l'atteindre. Ne faites donc pas comme l'avare qui perd beaucoup pour ne vouloir rien perdre. Sacrifiez dans le premier âge un temps que vous regagnerez avec usure dans un âge plus avancé. Le sage médecin ne donne pas étourdiment les ordonnances à la première vue, mais il étudie premièrement le tempérament du malade avant de lui rien prescrire; il commence tard à le traiter, mais il le guérit, tandis que le médecin trop pressé le tue.

Ibidem.

L'idée de la propriété.

La première idée qu'il faut donner à un enfant est moins celle de la liberté que de la propriété; et, pour qu'il puisse avoir cette idée, il faut qu'il ait quelque chose en propre. Lui citer ses hardes, ses meubles, ses jouets, c'est ne lui rien dire, puisque, bien qu'il dispose de ces choses, il ne sait ni pourquoi ni comment il les a. Lui dire qu'il les a parce qu'on les lui a données, c'est ne faire guère mieux; car pour donner il faut avoir: voilà donc une propriété antérieure à la sienne; et c'est le principe de la propriété qu'on lui veut expliquer; sans compter que le don est une convention, et que l'enfant ne peut savoir encore ce que c'est que convention. Lecteurs, remarquez, je vous prie, dans cet exemple et dans cent mille autres, comment, fourrant dans la tête des enfants des mots qui n'ont aucun sens à leur portée, on croit pourtant les avoir fort bien instruits.

Il s'agit donc de remonter à l'origine de la propriété; car c'est de là que la première idée en doit naître. L'enfant, vivant à la campagne, aura pris quelque notion des travaux champêtres; il ne faut pour cela que des yeux, du loisir, et il aura l'un et l'autre. Il est de tout âge, surtout du sien, de vouloir créer, imiter, produire, donner des signes de puissance et d'activité. Il n'aura pas vu deux fois labourer un jardin, semer, lever, croître des légumes, qu'il voudra jardiner à son tour.

Par les principes ci-devant établis, je ne m'oppose point à son envie: au contraire, je la favorise, je partage son goût, je travaille avec lui, non pour son plaisir, mais pour le mien; du moins il le croit ainsi: je deviens son garçon jardinier; en attendant qu'il ait des bras, je laboure pour lui la terre: il en prend possession en y plantant une fève; et sûrement cette possession est plus sacrée et plus respectable que celle que prenait Nunès Balbao de l'Amérique méridionale au nom du roi d'Espagne, en plantant son étendard sur les côtes de la mer du Sud.

On vient tous les jours arroser les fèves, on les voit lever dans des transports de joie. J'augmente cette joie en lui disant: « Cela vous appartient, » et lui expliquant alors ce terme d'appartenir, je lui fais sentir qu'il a mis là son temps, son travail, sa peine, sa personne enfin; qu'il y a dans cette terre quelque chose de lui-même qu'il peut réclamer contre qui que ce soit, comme il pourrait retirer son bras de la main d'un autre homme qui voudrait le retenir malgré lui.

Ibidem.

Intelligence et stupidité apparentes.

Les pensées les plus brillantes peuvent tomber dans le cerveau des enfants, ou plutôt les meilleurs mots dans leur bouche, comme les diamants du plus grand prix sous leurs mains, sans que pour cela ni les pensées ni les diamants leur appartiennent; il n'y a point de véritable propriété pour cet âge en aucun genre. Les choses que dit un enfant ne sont pas pour lui ce qu'elles sont pour nous; il n'y joint pas les mêmes idées. Ces idées, si tant est qu'il en ait, n'ont dans sa tête ni suite ni liaison; rien de fixe, rien d'assuré dans tout ce qu'il pense. Examinez votre prétendu prodige. En de certains moments vous lui trouverez un ressort d'une extrême activité, une clarté d'esprit à percer les nues. Le plus souvent, ce même esprit vous paraît lâche, moite, et comme environné d'un épais brouillard. Tantôt il vous devance, et tantôt il reste immobile. Un instant vous diriez « C'est un génie, » et l'instant d'après « C'est un sot. » Vous vous tromperiez toujours; c'est un enfant. C'est un aiglon qui fend l'air un instant, et retombe l'instant d'après dans son aire.

Traitez-le donc selon son âge malgré les apparences, et craignez d'épuiser ses forces pour les avoir voulu trop exercer. Si ce jeune cerveau s'échauffe, si vous voyez qu'il commence à bouillonner, laissez-le d'abord fermenter en liberté, mais ne l'excitez jamais, de peur que tout ne s'exhale; et, quand les premiers esprits se seront évaporés, retenez, comprimez les autres, jusqu'à ce qu'avec les années tout se tourne en chaleur vivifiante et en véritable force. Autrement, vous perdrez votre temps et vos soins, vous détruirez votre propre ouvrage; et, après vous être indiscrètement enivrés de toutes ces vapeurs inflammables, il ne vous restera qu'un marc sans vigueur.

Des enfants étourdis viennent les hommes vulgaires: je ne sache point d'observation plus générale et plus certaine que celle-là. Rien n'est plus difficile que de distinguer dans l'enfance la stupidité réelle, de cette apparente et trompeuse stupidité qui est l'annonce des âmes fortes. Il paraît d'abord étrange que les deux extrêmes aient des signes si semblables : et cela doit pourtant être ; car, dans un âge où l'homme n'a encore nulles véritables idées, toute la différence qui se trouve entre celui qui a du génie et celui qui n'en a pas est que le dernier n'admet que de fausses idées, et que le premier, n'en trouvant que de telles, n'en admet aucune : il ressemble donc au stupide en ce que l'un n'est capable de rien, et que rien ne convient à l'autre. Le seul signe qui peut les distinguer dépend du hasard, qui peut offrir au dernier quelque idée à sa portée, au lieu que le premier est toujours le même partout.....

Respectez l'enfance, et ne vous pressez point de la juger, soit en bien, soit en mal. Laissez les exceptions s'indiquer, se prouver, se confirmer longtemps avant d'adopter pour elles des méthodes particulières. Laissez longtemps agir la nature avant de vous mêler d'agir à sa place, de peur de contrarier ses opérations. Vous connaissez, dites-vous, le prix du temps et n'en voulez point perdre. Vous ne voyez pas que c'est bien plus le perdre d'en mal user que de n'en rien faire, et qu'un enfant mal instruit est plus loin de la sagesse que celui qu'on n'a point instruit du tout. Vous êtes alarmé de le voir consumer ses premières années à ne rien faire ! Comment! n'est-ce rien que d'être heureux? n'est-ce rien que de sauter, jouer, courir toute la journée? De sa vie, il ne sera si occupé. Platon, dans sa *République*, qu'on croit si austère, n'élève les enfants qu'en fêtes, jeux, chansons, passe-temps; on dirait qu'il a tout fait quand il leur a bien appris à se réjouir; et Sénèque, parlant de l'ancienne jeunesse romaine: « Elle était, dit-il, toujours debout, on ne lui enseignait rien qu'elle dût apprendre assise. » En valait-elle moins parvenue à l'âge viril? Effrayez-vous donc peu de cette oisiveté prétendue. Que diriez-vous d'un homme qui, pour mettre toute la vie à profit, ne voudrait jamais dormir? Vous diriez: « Cet homme est insensé, il ne jouit pas du temps, il se l'ôte; pour fuir le sommeil, il court à la mort. » Songez donc que c'est ici la même chose, et que l'enfance est le sommeil de la raison.

Ibidem.

—

Les fables ne sont pas faites pour les enfants.

Emile n'apprendra jamais rien par cœur, pas même des fables, pas même celles de La Fontaine, toutes naïves, toutes charmantes qu'elles sont; car les mots des fables ne sont pas plus les fables que les mots de l'histoire ne sont de l'histoire. Comment peut-on s'aveugler assez pour appeler les fables la morale des enfants, sans songer que l'apologue, en les amusant, les abuse; que, séduits par le mensonge, ils laissent échapper la vérité, et que ce qu'on fait pour leur rendre l'instruction agréable les empêche d'en profiter? Les fables peuvent instruire les hommes; mais il faut dire la vérité nue aux enfants; sitôt qu'on la couvre d'un voile, ils ne se donnent plus la peine de le lever.

On fait apprendre les fables de La Fontaine à tous les enfants, et il n'y en a pas un seul qui les entende. Quand ils les entendraient, ce serait encore pis; car la morale en est tellement mêlée et si disproportionnée à leur âge, qu'elle les porterait plus au vice qu'à la vertu. Ce sont encore là, direz-vous, des paradoxes. Soit; mais voyons si ce sont des vérités.

Je dis qu'un enfant n'entend point les fables qu'on lui fait apprendre, parce que, quelque effort qu'on fasse pour les rendre simples, l'instruction qu'on en veut tirer force d'y faire entrer des idées qu'il ne peut saisir, et que le tour même de la poésie, en les lui rendant plus faciles à retenir, les lui rend plus difficiles à concevoir; en sorte qu'on achète l'agrément aux dépens de la clarté.....

Je ne connais dans tout le recueil de La Fontaine

que cinq ou six fables où brille éminemment la naï-
veté puérile; de ces cinq ou six, je prends pour exemple la première de toutes, parce que c'est celle dont la
morale est le plus de tout âge, celle que les enfants
saisissent le mieux, celle qu'ils apprennent avec le
plus de plaisir, enfin celle que, pour cela même, l'auteur a mise par préférence à la tête de son livre :
Le corbeau et le renard.....

Je demande si c'est à des enfants de six ans qu'il
faut apprendre qu'il y a des hommes qui flattent et
mentent pour leur profit? On pourrait tout au plus
leur apprendre qu'il y a des railleurs qui persiflent
les petits garçons, et se moquent en secret de leur
sotte vanité; mais le fromage gâte tout; on leur
apprend moins à ne pas le laisser tomber de leur
bec qu'à le faire tomber du bec d'un autre. C'est ici
mon second paradoxe, et ce n'est pas le moins important.

Suivez les enfants apprenant leurs fables, et vous
verrez que, lorsqu'ils sont en état d'en faire l'application, ils en font presque toujours une contraire à
l'intention de l'auteur, et qu'au lieu de s'observer
sur le défaut dont on veut les guérir ou préserver,
ils penchent à aimer le vice avec lequel on tire parti
des défauts des autres. Dans la fable précédente, les
enfants se moquent du corbeau, mais ils s'affection-
nent tous au renard; dans la fable qui suit, vous

croyez leur donner la cigale pour exemple; et point du tout, c'est la fourmi qu'ils choisiront. On n'aime point à s'humilier : ils prendront toujours le beau rôle; c'est le choix de l'amour-propre, c'est un choix très-naturel. Or, quelle horrible leçon pour l'enfance! Le plus odieux de tous les monstres serait un enfant avare et dur, qui saurait ce qu'on lui demande et ce qu'il refuse. La fourmi fait plus encore, elle lui apprend à railler dans ses refus.

Dans toutes les fables où le lion est un des personnages, comme c'est d'ordinaire le plus brillant, l'enfant ne manque point de se faire lion; et quand il préside à quelque partage, bien instruit par son modèle, il a grand soin de s'emparer de tout. Mais, quand le moucheron terrasse le lion, c'est une autre affaire; alors l'enfant n'est plus lion, il est moucheron. Il apprend à tuer un jour à coups d'aiguillon ceux qu'il n'oserait attaquer de pied ferme.

Dans la fable du loup maigre et du chien gras, au lieu d'une leçon de modération qu'on prétend lui donner, il en prend une de licence. Je n'oublierai jamais d'avoir vu beaucoup pleurer une petite fille qu'on avait désolée avec cette fable, tout en lui prêchant toujours la docilité. On eut peine à savoir la cause de ses pleurs : on la sut enfin. La pauvre enfant s'ennuyait d'être à la chaîne; elle se sentait le cou pelé; elle pleurait de n'être pas loup.

Ainsi donc, la morale de la première fable citée est pour l'enfant une leçon de la plus basse flatterie; celle de la seconde une leçon d'inhumanité; celle de la troisième une leçon d'injustice; celle de la quatrième une leçon de satire; celle de la cinquième une leçon d'indépendance. Cette dernière leçon, pour être superflue à mon élève, n'en est pas plus convenable aux vôtres. Quand vous leur donnez des préceptes qui se contredisent, quel fruit espérez-vous de vos soins?.....

Composons, Monsieur de La Fontaine. Je promets, quant à moi, de vous lire avec choix, de vous aimer, de m'instruire dans vos fables; car j'espère ne pas me tromper sur leur objet : mais pour mon élève, permettez que je ne lui en laisse pas étudier une seule jusqu'à ce que vous m'ayez prouvé qu'il est bon pour lui d'apprendre des choses dont il ne comprendra pas le quart, que dans celles qu'il pourra comprendre il ne prendra jamais le change, et qu'au lieu de se corriger sur la dupe, il ne se formera pas sur le fripon.

Ibidem.

Première leçon de cosmographie.

Rendez votre élève attentif aux phénomènes de la nature, bientôt vous le rendrez curieux; mais, pour nourrir sa curiosité, ne vous pressez jamais de la satisfaire. Mettez les questions à sa portée, et laissez-les lui résoudre. Qu'il ne sache rien parce que vous le lui avez dit, mais parce qu'il l'a compris lui-même; qu'il n'apprenne pas la science, qu'il l'invente. Si jamais vous substituez dans son esprit l'autorité à la raison, il ne raisonnera plus; il ne sera plus que le jouet de l'opinion des autres.

Vous voulez apprendre la géographie à cet enfant, et vous lui allez chercher des globes, des sphères, des cartes : que de machines! Pourquoi toutes ces représentations ? Que ne commencez-vous par lui montrer l'objet même, afin qu'il sache au moins de quoi vous lui parlez?

Une belle soirée, on va se promener dans un lieu favorable, où l'horizon bien découvert laisse voir à plein le soleil couchant, et l'on observe les objets qui rendent reconnaissable le lieu de son coucher. Le lendemain, pour respirer le frais, on retourne au même lieu avant que le soleil se lève. On le voit s'annoncer de loin par les traits de feu qu'il lance au-devant de lui. L'incendie augmente, l'orient paraît tout en flammes : à leur éclat on attend l'astre longtemps avant qu'il se montre : à chaque instant on croit le voir paraître; on le voit enfin. Un point brillant part comme un éclair, et remplit aussitôt tout l'espace; le voile des ténèbres s'efface et tombe.

L'homme reconnaît son séjour, et le trouve embelli.
La verdure a pris durant la nuit une vigueur nouvelle ; le jour naissant qui l'éclaire, les premiers
rayons qui la dorent, la montrent couverte d'un
brillant réseau de rosée, qui réfléchit à l'œil la lumière et les couleurs. Les oiseaux en chœur se réunissent et saluent de concert le père de la vie ; en
ce moment, pas un seul ne se tait ; leur gazouillement,
faible encore, est plus lent et plus doux que dans le
reste de la journée, il se sent de la langueur d'un
paisible réveil. Le concours de tous ces objets porte
aux sens une impression de fraîcheur qui semble
pénétrer jusqu'à l'âme. Il y a là une demi-heure
d'enchantement auquel nul homme ne résiste : un
spectacle si grand, si beau, si délicieux, n'en laisse
aucun de sang-froid.

Plein de l'enthousiasme qu'il éprouve, le maître
veut le communiquer à l'enfant : il croit l'émouvoir
en le rendant attentif aux sensations dont il est ému
lui-même. Pure bêtise ! C'est dans le cœur de
l'homme qu'est la vie du spectacle de la nature ;
pour le voir il faut le sentir. L'enfant aperçoit les
objets ; mais il ne peut apercevoir les rapports qui
les lient, il ne peut entendre la douce harmonie de
leur concert. Il faut une expérience qu'il n'a point
acquise, il faut des sentiments qu'il n'a point éprou-
vés, pour sentir l'impression composée qui résulte

à la fois de toutes ces sensations. S'il n'a longtemps parcouru des plaines arides, si des sables ardents n'ont brûlé ses pieds, si la réverbération suffocante des rochers frappés du soleil ne l'oppressa jamais, comment goûtera-t-il l'air frais d'une belle matinée? comment le parfum des fleurs, le charme de la verdure, l'humide vapeur de la rosée, le marcher mol et doux sur la pelouse enchanteront-ils ses sens? Comment le chant des oiseaux lui causera-t-il une émotion voluptueuse, si les accents de l'amour et du plaisir lui sont encore inconnus? Avec quels transports verra-t-il naître une si belle journée, si son imagination ne sait pas lui peindre ceux dont on peut la remplir? Enfin comment s'attendrira-t-il sur la beauté du spectacle de la nature, s'il ignore quelle main prit soin de l'orner?

Ne tenez point à l'enfant des discours qu'il ne peut entendre.....

Dans cette occasion, après avoir bien contemplé avec lui le soleil levant, après lui avoir fait remarquer du même côté les montagnes et les autres objets voisins, après l'avoir laissé causer là-dessus tout à son aise, gardez quelques moments le silence comme un homme qui rêve, et puis vous lui direz: « Je songe qu'hier au soir le soleil s'est couché là, et qu'il s'est levé là ce matin. Comment cela peut-il se faire? » N'ajoutez rien de plus: s'il vous fait des questions, n'y répondez point ; parlez d'autre chose. Laissez-le à lui-même, et soyez sûr qu'il y pensera.

Pour qu'un enfant s'accoutume à être attentif, et qu'il soit bien frappé de quelque vérité sensible, il faut qu'elle lui donne quelques jours d'inquiétude avant de la découvrir. S'il ne conçoit pas assez celle-ci de cette manière, il y a moyen de la lui rendre plus sensible encore, et ce moyen c'est de retourner la question. S'il ne sait pas comment le soleil parvient de son coucher à son lever, il sait au moins comment il parvient de son lever à son coucher : ses yeux seuls le lui apprennent. Eclaircissez donc la première question par l'autre : ou votre élève est absolument stupide, ou l'analogie est trop claire pour lui pouvoir échapper. Voilà sa première leçon de cosmographie.

Ibidem.

—

Le meilleur traité d'éducation naturelle.

Puisqu'il nous faut absolument des livres, il en existe un qui fournit, à mon gré, le plus heureux traité d'éducation naturelle. Ce livre sera le premier que lira mon Emile; seul il composera durant longtemps toute sa bibliothèque, et il y tiendra toujours une place distinguée. Il sera le texte auquel tous nos entretiens sur les sciences naturelles ne serviront que de commentaire. Il servira d'épreuve durant nos progrès à l'état de notre jugement ; et, tant que notre goût ne sera pas gâté, sa lecture nous plaira toujours. Quel est donc ce merveilleux livre? Est-ce Aristote? est-ce Pline? est-ce Buffon? Non; c'est Robinson Crusoé.

Robinson Crusoé dans son île, seul, dépourvu de l'assistance de ses semblables et des instruments de tous les arts, pourvoyant cependant à sa subsistance, à sa conservation, et se procurant même une sorte de bien-être, voilà un objet intéressant pour tout âge, et qu'on a mille moyens de rendre agréable aux enfants. Voilà comment nous réalisons l'île déserte qui me servait d'abord de comparaison. Cet état n'est pas, j'en conviens, celui de l'homme social; vraisemblablement il ne doit pas être celui d'Emile : mais c'est sur ce même état qu'il doit apprécier tous les autres. Le plus sûr moyen de s'élever au-dessus des préjugés et d'ordonner ses jugements sur les vrais rapports des choses, est de se mettre à la place d'un homme isolé, et de juger de tout comme cet homme en doit juger lui-même eu égard à sa propre utilité.

Ce roman, débarrassé de tout son fatras, commençant au naufrage de Robinson près de son île, et finissant à l'arrivée du vaisseau qui vient l'en tirer, sera tout à la fois l'amusement et l'instruction d'Emile durant l'époque dont il est ici question. Je veux que la tête lui en tourne, qu'il s'occupe sans cesse de son château, de ses chèvres, de ses plantations; qu'il apprenne en détail, non dans des livres, mais sur les choses, tout ce qu'il faut savoir en pareil cas ; qu'il pense être Robinson lui-même, qu'il se voie habillé de peaux, portant un grand bonnet, un grand sabre, tout le grotesque équipage de la figure, au parasol près dont il n'aura pas besoin. Je veux qu'il s'inquiète des mesures à prendre, si ceci ou cela venait à lui manquer, qu'il examine la conduite de son héros, qu'il cherche s'il n'a rien omis, s'il n'y avait rien de mieux à faire ; qu'il marque attentivement ses fautes, et qu'il en profite pour n'y pas tomber lui-même en pareil cas: car ne doutez point qu'il ne projette d'aller faire un établissement semblable ; c'est le vrai château en Espagne de cet heureux âge, où l'on ne connaît d'autre bonheur que le nécessaire et la liberté.

Quelle ressource que cette folie pour un homme habile, qui n'a su la faire naître qu'afin de la mettre à profit ! L'enfant, pressé de se faire un magasin pour son île, sera plus ardent pour apprendre que le maître pour enseigner. Il voudra savoir tout ce

qui est utile, et ne voudra savoir que cela : vous
n'aurez plus besoin de le guider, vous n'aurez qu'à
le retenir. Au reste, dépêchons-nous de l'établir
dans cette île, tandis qu'il y borne sa félicité, car le
jour approche où, s'il y veut vivre encore, il n'y
voudra plus vivre seul, et où *Vendredi*, qui maintenant ne le touche guère, ne lui suffira pas longtemps.

Ibidem.

—

Apprentissage d'un métier.

De toutes les occupations qui peuvent fournir la
subsistance à l'homme, celle qui le rapproche le
plus de l'état de nature est le travail des mains : de
toutes les conditions, la plus indépendante de la
fortune et des hommes est celle de l'artisan. L'artisan ne dépend que de son travail; il est libre, aussi
libre que le laboureur est esclave : car celui-ci tient
à son champ, dont la récolte est à la discrétion
d'autrui. L'ennemi, le prince, un voisin puissant,
un procès, lui peut enlever ce champ ; par ce champ
on peut le vexer en mille manières: mais partout où
l'on veut vexer l'artisan, son bagage est bientôt fait;
il emporte ses bras et s'en va. Toutefois, l'agricul-

ture est le premier métier de l'homme : c'est le plus honnête, le plus utile, et par conséquent le plus noble qu'il puisse exercer. Je ne dis pas à Emile : « Apprends l'agriculture ; » il la sait. Tous les travaux rustiques lui sont familiers ; c'est par eux qu'il a commencé ; c'est à eux qu'il revient sans cesse. Je lui dis donc : « Cultive l'héritage de tes pères. Mais si tu perds cet héritage, ou si tu n'en as point, que faire ? Apprends un métier.».....

Souvenez-vous que ce n'est point un talent que je vous demande ; c'est un métier, un vrai métier, un art purement mécanique, où les mains travaillent plus que la tête, et qui ne mène point à la fortune, mais avec lequel on peut s'en passer. Dans des maisons fort au-dessus du danger de manquer de pain, j'ai vu des pères pousser la prévoyance jusqu'à joindre au soin d'instruire leurs enfants celui de les pourvoir de connaissances dont, à tout événement, ils pussent tirer parti pour vivre. Ces pères prévoyants croient beaucoup faire ; ils ne font rien, parce que les ressources qu'ils pensent ménager à leurs enfants dépendent de cette même fortune au-dessus de laquelle ils les veulent mettre. En sorte qu'avec tous ces beaux talents, si celui qui les a ne se trouve dans des circonstances favorables pour en faire usage, il périra de misère comme s'il n'en avait aucun.

Dès qu'il est question de manége et d'intrigues, autant vaut les employer à se maintenir dans l'abondance, qu'à regagner, du sein de la misère, de quoi remonter à son premier état. Si vous cultivez des arts dont le succès tient à la réputation de l'artiste, si vous vous rendez propre à des emplois qu'on n'obtient que par la faveur, que vous servira tout cela, quand, justement dégoûté du monde, vous dédaignerez les moyens sans lesquels on n'y peut réussir? Vous avez étudié la politique et les intérêts des princes : voilà qui va fort bien ; mais que ferez-vous de ces connaissances, si vous ne savez parvenir aux ministres, aux femmes de la cour, aux chefs des bureaux ; si vous n'avez le secret de leur plaire, si tous ne trouvent en vous le fripon qui leur convient? Vous êtes architecte ou peintre : soit ; mais il faut faire connaître votre talent. Pensez-vous aller de but en blanc exposer un ouvrage au salon? Oh! qu'il n'en va pas ainsi! Il faut être de l'Académie ; il y faut même être protégé pour obtenir au coin d'un mur quelque place obscure. Quittez-moi la règle et le pinceau ; prenez un fiacre, et courez de porte en porte : c'est ainsi qu'on acquiert la célébrité. Or, vous devez savoir que toutes ces illustres portes ont des suisses ou des portiers qui n'entendent que par geste, et dont les oreilles sont dans leurs mains. Voulez-vous enseigner ce que vous avez appris, et devenir maître de géographie, ou de mathématiques, ou de langues, ou de musique, ou de dessin ; pour cela même il faut trouver des écoliers, par conséquent des prôneurs. Comptez qu'il importe plus d'être charlatan qu'habile, et que, si vous ne savez de métier que le vôtre, jamais vous ne serez qu'un ignorant.

Voyez donc combien toutes ces brillantes ressources sont peu solides, et combien d'autres ressources vous sont nécessaires pour tirer parti de celles-là.....

Mais, au lieu de recourir pour vivre à ces hautes connaissances qui sont faites pour nourrir l'âme et non le corps, si vous recourez, au besoin, à vos mains et à l'usage que vous en savez faire, toutes les difficultés disparaissent, tous les manéges deviennent inutiles ; la ressource est toujours prête au moment d'en user, la probité, l'honneur, ne sont plus un obstacle à la vie : vous n'avez plus besoin d'être lâche et menteur devant les grands, souple et rampant devant les fripons, vil complaisant de tout le monde, emprunteur ou voleur, ce qui est à peu près la même chose quand on n'a rien : l'opinion des autres ne vous touche point ; vous n'avez à faire votre cour à personne, point de sot à flatter, point de suisse à fléchir, point de courtisane à payer, et, qui pis est, à encenser. Que des coquins mènent les grandes affaires, peu vous importe : cela ne vous empêchera pas, vous, dans votre vie obscure, d'être honnête homme et d'avoir du pain. Vous entrez dans la première boutique du métier que vous avez appris : « Maître, j'ai besoin d'ouvrage. — Compagnon, mettez-vous là, travaillez. » Avant que l'heure du dîner soit venue, vous avez gagné votre dîner ; si vous êtes diligent et sobre, avant que huit jours se passent, vous aurez de quoi vivre huit autres jours : vous aurez vécu libre, sain, vrai, laborieux, juste. Ce n'est pas perdre son temps que d'en gagner ainsi.

Ibidem.

—

L'historien le meilleur pour la jeunesse.

Les pires historiens pour un jeune homme sont ceux qui jugent. Les faits ! les faits ! et qu'il juge lui-même ; c'est ainsi qu'il apprend à connaître les hommes. Si le jugement de l'auteur le guide sans cesse, il ne fait que voir par l'œil d'un autre ; et quand cet œil lui manque, il ne voit plus rien.

Je laisse à part l'histoire moderne, non-seulement parce qu'elle n'a plus de physionomie et que nos hommes se ressemblent tous, mais parce que nos historiens, uniquement attentifs à briller, ne songent qu'à faire des portraits fortement coloriés, et qui souvent ne représentent rien. Généralement les anciens font moins de portraits, mettent moins d'esprit et plus de sens dans leurs jugements; encore y a-t-il entre eux grand choix à faire, et il ne faut pas d'abord prendre les plus judicieux, mais les plus simples. Je ne voudrais mettre dans la main d'un jeune homme ni Polybe ni Salluste ; Tacite est le livre des vieillards, les jeunes gens ne sont pas faits pour l'entendre : il faut apprendre à voir dans les actions humaines les premiers traits du cœur de l'homme, avant d'en vouloir sonder les profondeurs ; il faut savoir bien lire dans les faits avant de lire dans les maximes. La philosophie en maximes ne convient qu'à l'expérience. La jeunesse ne doit rien généraliser ; toute son instruction doit être en règles particulières.

Thucydide est, à mon gré, le vrai modèle des historiens. Il rapporte les faits sans les juger: mais il n'omet aucune des circonstances propres à nous en faire juger nous-mêmes. Il met tout ce qu'il raconte sous les yeux du lecteur; loin de s'interposer entre les événements et les lecteurs, il se dérobe ; on ne croit plus lire, on croit voir. Malheureusement il parle toujours de guerre, et l'on ne voit presque dans ses récits que la chose du monde la moins instructive, savoir des combats. La *Retraite des dix mille* et les *Commentaires de César* ont à peu près la même sagesse et le même défaut. Le bon Hérodote, sans portraits, sans maximes, mais coulant, naïf, plein de détails les plus capables d'intéresser et de plaire, serait peut-être le meilleur des historiens, si ces mêmes détails ne dégénéraient souvent en simplicités puériles, plus propres à gâter le goût de la jeunesse qu'à le former : il faut déjà du discernement pour le lire. Je ne dis rien de Tite-Live, son tour viendra ; mais il est politique, il est rhéteur, il est tout ce qui ne convient pas à cet âge.

L'histoire, en général, est défectueuse, en ce qu'elle ne tient registre que de faits sensibles et marqués, qu'on peut fixer par des noms, des lieux, des dates, mais les causes lentes et progressives de ces faits, lesquelles ne peuvent s'assigner de même, restent toujours inconnues. On trouve souvent dans une bataille gagnée ou perdue la raison d'une révolution qui, même avant cette bataille, était déjà devenue inévitable. La guerre ne fait guère que manifester des événements déjà déterminés par des causes morales que les historiens savent rarement voir.

L'esprit philosophique a tourné de ce côté les réflexions de plusieurs écrivains de ce siècle ; mais je doute que la vérité gagne à leur travail. La fureur des systèmes s'étant emparée d'eux tous, nul ne cherche à voir les choses comme elles sont, mais comme elles s'accordent avec son système.

Ajoutez à toutes ces réflexions que l'histoire montre bien plus les actions que les hommes, parce qu'elle ne saisit ceux-ci que dans certains moments choisis, dans leurs vêtements de parade; elle n'expose que l'homme public qui s'est arrangé pour être vu: elle ne le suit point dans sa maison, dans son cabinet, dans sa famille, au milieu de ses amis; elle ne le peint que quand il représente : c'est bien plus son habit que sa personne qu'elle peint.

J'aimerais mieux la lecture des vies particulières pour commencer l'étude du cœur humain, car alors l'homme a beau se dérober, l'historien le poursuit partout; il ne lui laisse aucun moment de relâche, aucun recoin pour éviter l'œil perçant du spectateur ; et c'est quand l'un croit mieux se cacher que l'autre le fait mieux connaître. « Ceulx, dit Montaigne, qui escrivent les vies, d'autant qu'ilz s'amusent plus aux conseils qu'aux événemens, plus à ce qui part du dedans qu'à ce qui arrive au dehors, ceulx-là me sont plus propres, voilà pourquoi, en toutes sortes, c'est mon homme que Plutarque. »

Il est vrai que le génie des hommes assemblés ou des peuples est fort différent du caractère de l'homme en particulier, et que ce serait connaître

très-imparfaitement le cœur humain que de ne pas
l'examiner aussi dans la multitude: mais il n'est pas
moins vrai qu'il faut commencer par étudier l'homme
pour juger les hommes, et que qui connaîtrait parfaitement les penchants de chaque individu pourrait
prévoir tous leurs effets combinés dans le corps du
peuple.

Il faut encore ici recourir aux anciens par les raisons que j'ai déjà dites, et de plus, parce que tous
les détails familiers et bas, mais vrais et caractéris-
tiques, étant bannis du style moderne, les hommes
sont aussi parés par nos auteurs dans leurs vies privées que sur la scène du monde. La décence, non
moins sévère dans les écrits que dans les actions, ne
permet plus de dire en public que ce qu'elle permet
d'y faire, et, comme on ne peut montrer les hommes
que représentant toujours, on ne les connaît pas
plus dans nos livres que sur nos théâtres. On aura
beau faire et refaire cent fois la vie des rois, nous
n'aurons plus de Suétones.

Ibidem.

Goûts naturels des jeunes filles.

Voyez une petite fille passer la journée autour de
sa poupée, lui changer sans cesse d'ajustement,

l'habiller, la déshabiller cent et cent fois, chercher continuellement de nouvelles combinaisons d'ornements bien ou mal assortis, il n'importe; les doigts manquent d'adresse, le goût n'est pas formé, mais déjà le penchant se montre: dans cette éternelle occupation, le temps coule sans qu'elle y songe; les heures passent, elle n'en sait rien, elle oublie les repas mêmes, elle a plus faim de parure que d'aliment. Mais, direz-vous, elle pare sa poupée et non sa personne. Sans doute; elle voit sa poupée et ne se voit pas, elle ne peut rien faire pour elle-même, elle n'est pas formée, elle n'a ni talent ni force, elle n'est rien encore, elle est toute dans sa poupée, elle y met toute sa coquetterie. Elle ne l'y laissera pas toujours, elle attend le moment d'être sa poupée elle-même.

Voilà donc un premier goût bien décidé: vous n'avez qu'à le suivre et le régler. Il est sûr que la petite voudrait de tout son cœur savoir orner sa poupée, faire ses nœuds de manche, son fichu, son falbala, sa dentelle; en tout cela on la fait dépendre si durement du bon plaisir d'autrui, qu'il lui serait bien plus commode de tout devoir à son industrie. Ainsi vient la raison des premières leçons qu'on lui donne: ce ne sont pas des tâches qu'on lui prescrit, ce sont des bontés qu'on a pour elle. Et en effet presque toutes les petites filles apprennent avec ré-

pugnance à lire et à écrire ; mais, quant à tenir l'ai-
guille, c'est ce qu'elles apprennent toujours volontiers. Elles s'imaginent d'avance être grandes, et
songent avec plaisir que ces talents pourront un
jour leur servir à se parer.

Cette première route ouverte est facile à suivre :
la couture, la broderie, la dentelle, viennent d'elles-
mêmes. La tapisserie n'est plus si fort à leur gré :
les meubles sont trop loin d'elles, ils ne tiennent
point à la personne, ils tiennent à d'autres opinions. La tapisserie est l'amusement des femmes ; de
jeunes filles n'y prendront jamais un fort grand
plaisir.

Ces progrès volontaires s'étendront aisément
jusqu'au dessin, car cet art n'est pas indifférent à
celui de se mettre avec goût : mais je ne voudrais
point qu'on les appliquât au paysage, encore moins
à la figure. Des feuillages, des fruits, des fleurs, des
draperies, tout ce qui peut servir à donner un con-
tour élégant aux ajustements, et à faire soi-même
un patron de broderie quand on n'en trouve pas à
son gré, cela leur suffit. En général, s'il importe aux
hommes de borner leurs études à des connaissances
d'usage, cela importe encore plus aux femmes :
parce que la vie de celles-ci, bien que moins laborieuse, étant ou devant être plus assidue à leurs
soins, et plus entrecoupée de soins divers, ne leur

permet de se livrer par choix à aucun talent au préjudice de leurs devoirs.

Ibidem.

Le meilleur mode de voyager.

Nous ne voyageons point en courriers, mais en voyageurs. Nous ne songeons pas seulement aux deux termes, mais à l'intervalle qui les sépare. Le voyage même est un plaisir pour nous. Nous ne le faisons point tristement assis et comme emprisonnés dans une petite cage bien fermée. Nous ne voyageons point dans la mollesse et dans le repos des femmes. Nous ne nous ôtons ni le grand air, ni la vue des objets qui nous environnent, ni la commodité de les contempler à notre gré quand il nous plaît. Emile n'entra jamais dans une chaise de poste, et ne court guère en poste s'il n'est pressé. Mais de quoi jamais Emile peut-il être pressé? D'une seule chose, de jouir de la vie. Ajouterai-je: Et de faire du bien quand il le peut? Non, car cela même est jouir de la vie.

Je ne conçois qu'une manière de voyager plus agréable que d'aller à cheval, c'est d'aller à pied. On part à son moment, on s'arrête à sa volonté, on fait tant et si peu d'exercice qu'on veut. On observe tout le pays; on se détourne à droite, à gauche; on examine tout ce qui nous flatte; on s'arrête à tous les points de vue. Aperçois-je une rivière, je la côtoie; un bois touffu, je vais sous son ombre; une grotte, je la visite; une carrière, j'examine les minéraux. Partout où je me plais, j'y reste. A l'instant que je m'ennuie, je m'en vais. Je ne dépends ni des chevaux ni du postillon. Je n'ai pas besoin de choisir des chemins tout faits, des routes commodes; je passe partout où un homme peut passer; je vois tout ce qu'un homme peut voir; et, ne dépendant que de moi-même, je jouis de toute la liberté dont un homme peut jouir. Si le mauvais temps m'arrête et que l'ennui me gagne, alors je prends des chevaux. Si je suis las..... Mais Emile ne se lasse guère; il est robuste; et pourquoi se lasserait-il? il n'est point pressé. S'il s'arrête, comment peut-il s'ennuyer? Il porte partout de quoi s'amuser. Il entre chez un maître, il travaille; il exerce ses bras pour reposer ses pieds.

Voyager à pied, c'est voyager comme Thalès, Platon et Pythagore. J'ai peine à comprendre comment un philosophe peut se résoudre à voyager autrement et s'arracher à l'examen des richesses qu'il foule aux pieds et que la terre prodigue à sa vue.

Qui est-ce qui, aimant un peu l'agriculture, ne veut pas connaître les productions particulières au climat des lieux qu'il traverse, et la manière de les cultiver? qui est-ce qui, ayant un peu de goût pour l'histoire naturelle, peut se résoudre à passer un terrain sans l'examiner, un rocher sans l'écorner, des montagnes sans herboriser, des cailloux sans chercher des fossiles! Vos philosophes de ruelles étudient l'histoire naturelle dans des cabinets; ils ont des colifichets; ils savent des noms, et n'ont aucune idée de la nature. Mais le cabinet d'Emile est plus riche que ceux des rois; ce cabinet est la terre entière. Chaque chose y est à sa place: le naturaliste qui en prend soin, a rangé le tout dans un fort bel ordre; Daubenton ne ferait pas mieux.

Combien de plaisirs différents on rassemble par cette agréable manière de voyager? sans compter la santé qui s'affermit, l'humeur qui s'égaye. J'ai toujours vu ceux qui voyageaient dans de bonnes voitures bien douces rêveurs, tristes, grondants, ou souffrants; et les piétons toujours gais, légers et contents de tout. Combien le cœur rit quand on approche du gîte! Combien un repas grossier paraît savoureux! avec quel plaisir on se repose à table! Quel bon sommeil on fait dans un mauvais lit! Quand on ne veut qu'arriver, on peut courir en chaise de poste ; mais quand on veut voyager, il faut aller à pied.

Ibidem.

—

La vertu véritable.

Tu sais souffrir et mourir ; tu sais endurer la loi de la nécessité dans les maux physiques : mais tu n'as point encore imposé de lois aux appétits de ton cœur ; et c'est de nos affections, bien plus que de nos besoins, que naît le trouble de notre vie. Nos désirs sont étendus, notre force est presque nulle. L'homme tient par ses vœux à mille choses, et par lui-même, il ne tient à rien, pas même à sa propre vie ; plus il augmente ses attachements, plus il multiplie ses peines. Tout ne fait que passer sur la terre : tout ce que nous aimons nous échappera tôt ou tard, et nous y tenons comme s'il devait durer éternellement. Quel effroi sur le seul soupçon de la mort de Sophie ? As-tu donc compté qu'elle vivrait toujours ? Ne meurt-il personne à son âge ? Elle doit mourir, mon enfant, et peut-être avant toi. Qui sait si elle est vivante à présent même ? La nature ne t'avait asservi qu'à une seule mort, tu t'asservis à une seconde ; te voilà dans le cas de mourir deux fois.....

Mon enfant, il n'y a point de bonheur sans courage, ni de vertu sans combat. Le mot de *vertu* vient de *force;* la force est la base de toute vertu. La vertu n'appartient qu'à un être faible par sa nature, et fort par sa volonté; c'est en cela seul que consiste le mérite de l'homme juste; et quoique nous appelions Dieu bon, nous ne l'appelons pas vertueux, parce qu'il n'a pas besoin d'efforts pour bien faire. Pour t'expliquer ce mot si profané, j'ai attendu que tu fusses en état de m'entendre. Tant que la vertu ne coûte rien à pratiquer, on a peu besoin de la connaître. Ce besoin vient quand les passions s'éveillent: il est déjà venu pour toi.

En t'élevant dans toute la simplicité de la nature, au lieu de te prêcher de pénibles devoirs, je t'ai garanti des vices qui rendent ces devoirs pénibles; je t'ai moins rendu le mensonge odieux qu'inutile; je t'ai moins appris à rendre à chacun ce qui lui appartient, qu'à ne te soucier que de ce qui est à toi; je t'ai fait plutôt bon que vertueux. Mais celui qui n'est que bon ne demeure tel qu'autant qu'il a du plaisir à l'être: la bonté se brise et périt sous le choc des passions humaines; l'homme qui n'est que bon n'est bon que pour lui.

Qu'est-ce donc que l'homme vertueux? C'est celui qui sait vaincre ses affections; car alors il suit sa raison, sa conscience; il fait son devoir, il se tient dans l'ordre, et rien ne l'en peut écarter. Jusqu'ici, tu n'étais libre qu'en apparence ; tu n'avais que la liberté précaire d'un esclave à qui l'on n'a rien commandé. Maintenant, sois libre en effet; apprends à devenir ton propre maître: commande à ton cœur, ô Emile, et tu seras vertueux.....

N'attends pas de moi de longs préceptes de morale , je n'en ai qu'un seul à te donner, et celuilà comprend tous les autres. Sois homme ; retire ton cœur dans les bornes de ta condition. Etudie et connais ces bornes; quelque étroites qu'elles soient, on n'est point malheureux tant qu'on s'y renferme; on ne l'est que quand on veut les passer, on l'est quand, dans ses désirs insensés, on met au rang des possibles ce qui ne l'est pas ; on l'est quand on oublie son état d'homme pour s'en forger d'imaginaires, desquels on retombe toujours dans le sien. Les seuls biens dont la privation coûte sont ceux auxquels on croit avoir droit. L'évidente impossibilité de les obtenir en détache, les souhaits sans espoir ne tourmentent point. Un gueux n'est point tourmenté du désir d'être roi ; un roi ne veut être dieu que quand il croit n'être plus homme.

Les illusions de l'orgueil sont la source de nos plus grands maux; mais la contemplation de la misère humaine rend le sage toujours modéré. Il se tient à sa place, il ne s'agite point pour en sortir;

il n'use point inutilement ses forces pour jouir de
ce qu'il ne peut conserver; et, les employant toutes
à bien posséder ce qu'il a, il est en effet plus puissant et plus riche de tout ce qu'il désire de moins
que nous. Etre mortel et périssable, irai-je me former des nœuds éternels sur cette terre, où tout
change, où tout passe, et dont je disparaîtrai demain? O Emile! ô mon fils! en te perdant, que me
resterait-il de moi? Et pourtant, il faut que j'apprenne à te perdre; car qui sait quand tu me seras
ôté?

Veux-tu donc vivre heureux et sage, n'attache
ton cœur qu'à la beauté qui ne périt point : que ta
condition borne tes désirs, que tes devoirs aillent
avant tes penchants : étends la loi de la nécessité
aux choses morales; apprends à perdre ce qui peut
être enlevé; apprends à tout quitter quand la vertu
l'ordonne, à te mettre au-dessus des événements, à
détacher ton cœur sans qu'ils le déchirent, à être
courageux dans l'adversité, afin de n'être jamais
misérable, à être ferme dans ton devoir afin de
n'être jamais criminel. Alors tu seras heureux malgré la fortune, et sage malgré les passions. Alors tu
trouveras dans la possession même des biens fra-
giles une volupté que rien ne pourra troubler; tu
les possèderas sans qu'ils te possèdent, et tu sentiras
que l'homme, à qui tout échappe, ne jouit que de ce

qu'il sait perdre. Tu n'auras point, il est vrai, l'illusion des plaisirs imaginaires ; tu n'auras point aussi les douleurs qui en sont le fruit. Tu gagneras beaucoup à cet échange, car ces douleurs sont fréquentes et réelles, et ces plaisirs sont rares et vains. Vainqueur de tant d'opinions trompeuses, tu le seras encore de celles qui donnent un si grand prix à la vie. Tu passeras la tienne sans trouble et la termineras sans effroi ; tu t'en détacheras comme de toutes choses. Que d'autres, saisis d'horreur, pensent en la quittant cesser d'être ; instruit de son néant, tu croiras commencer. La mort est la fin de la vie du méchant, et le commencement de celle du juste.

Ibidem.

L'homme de bien a partout des devoirs.

C'est en vain qu'on aspire à la liberté sous la sauvegarde des lois. Des lois ! où est-ce qu'il y en a ? et où est-ce qu'elles sont respectées ? Partout tu n'as vu régner sous ce nom que l'intérêt particulier et les passions des hommes. Mais les lois éternelles de la nature et de l'ordre existent. Elles tiennent lieu de loi positive au sage ; elles sont écrites au fond de son cœur par la conscience et par la raison ; c'est à celles-là qu'il doit s'asservir pour être libre ; et il n'y a d'esclave que celui qui fait mal, car il le fait toujours malgré lui. La liberté n'est dans aucune forme de gouvernement, elle est dans le cœur de l'homme libre, il la porte partout avec lui. L'homme vil porte partout la servitude. L'un serait esclave à Genève et l'autre libre à Paris.

Si je te parlais des devoirs du citoyen, tu me demanderais peut-être où est la patrie, et tu croirais m'avoir confondu. Tu te tromperais pourtant, cher Emile ; car qui n'a pas une patrie a du moins un pays. Il y a toujours un gouvernement et des simulacres de lois sous lesquels il a vécu tranquille. Que le contrat social n'ait point été observé, qu'importe, si l'intérêt particulier l'a protégé comme aurait fait la volonté générale, si la violence publique l'a garanti des violences particulières, si le mal qu'il a vu faire lui a fait aimer ce qui était bien, et si nos institutions mêmes lui ont fait connaître et haïr leurs propres iniquités. O Emile ! où est l'homme de bien qui ne doit rien à son pays ? Quel qu'il soit, il lui doit ce qu'il y a de plus précieux pour l'homme, la moralité de ses actions et l'amour de la vertu. Né dans le fond d'un bois, il eût vécu plus heureux et plus libre ; mais n'ayant rien à combattre pour suivre ses penchants, il eût été bon sans mérite, il n'eût point été vertueux, et maintenant il sait l'être malgré ses passions. La seule apparence de l'ordre le porte à le connaître, à l'aimer. Le bien public, qui ne sert que de prétexte aux autres, est pour lui seul un motif réel. Il apprend à se combattre, à se vaincre, à sacrifier son intérêt à l'intérêt commun. Il n'est pas vrai qu'il ne tire aucun profit des lois ; elles lui donnent le courage d'être juste, même parmi les méchants. Il n'est pas vrai qu'elles ne l'ont pas rendu libre, elles lui ont appris à régner sur lui.

Ne dis donc pas : « Que m'importe où que je sois ? » Il t'importe d'être où tu peux remplir tous tes devoirs ; et l'un de ces devoirs est l'attachement pour le lieu de ta naissance. Tes compatriotes te protégèrent enfant, tu dois les aimer étant homme. Tu dois vivre au milieu d'eux, ou du moins en lieu d'où tu puisses leur être utile autant que tu peux l'être, et où ils sachent où te prendre si jamais ils ont besoin de toi. Il y a telle circonstance où un homme peut être plus utile à ses concitoyens hors de sa patrie que s'il vivait dans son sein. Alors il ne doit écouter que son zèle et supporter son exil sans murmure ; cet exil même est un de ses devoirs. Mais toi, mon bon Emile, à qui rien n'impose ces douloureux sacrifices, toi qui n'as pas pris le triste emploi de dire la vérité aux hommes, va vivre au milieu d'eux, cultive leur amitié dans un doux commerce, sois leur bienfaiteur, leur modèle ; ton exemple leur servira plus que tous nos livres, et le bien qu'ils te verront faire les touchera plus que tous nos vains discours.

Je ne t'exhorte pas pour cela d'aller vivre dans les grandes villes ; au contraire, un des exemples que les bons doivent donner aux autres est celui de la vie patriarcale et champêtre, la première vie de l'homme, la plus paisible, la plus naturelle et la plus douce à qui n'a pas le cœur corrompu. Heureux, mon jeune ami, le pays où l'on n'a pas besoin d'aller chercher la paix dans un désert! Mais où est ce pays? Un homme bienfaisant satisfait mal son penchant au milieu des villes, où il ne trouve presque à exercer son zèle que pour des intrigants ou pour des fripons. L'accueil qu'on y fait aux fainéants qui viennent y chercher fortune ne fait qu'achever de dévaster le pays, qu'au contraire il faudrait repeupler aux dépens des villes. Tous les hommes qui se retirent de la grande société sont utiles précisément parce qu'ils s'en retirent, puisque tous ses vices lui viennent d'être trop nombreuse. Ils sont encore utiles lorsqu'ils peuvent ramener dans les lieux déserts la vie, la culture et l'amour de leur premier état.

Ibidem.

Profession de foi du Vicaire savoyard.

J'ignore pourquoi l'univers existe. Je suis comme un homme qui verrait pour la première fois une montre ouverte, et qui ne laisserait pas d'en admirer l'ouvrage, quoiqu'il ne connût pas l'usage de la machine et qu'il n'eût point vu le cadran. « Je ne sais, dirait-il, à quoi le tout est bon; mais je vois que chaque pièce est faite pour les autres; j'admire l'ouvrier dans le détail de son ouvrage, et je suis bien sûr que tous ces rouages ne marchent ainsi de concert que pour une fin commune qu'il m'est impossible d'apercevoir. ».....

Que la matière soit éternelle ou créée, qu'il y ait un principe passif ou qu'il n'y en ait point, toujours est-il certain que le tout est un et annonce une intelligence unique; car je ne vois rien qui ne soit ordonné dans le même système et qui ne concoure à la même fin, savoir la conservation du tout dans l'ordre établi. Cet être qui veut et qui peut, cet être actif par lui-même, cet être enfin, quel qu'il soit, qui meut l'univers et ordonne toutes choses, je l'appelle Dieu. Je joins à ce nom les idées d'intelligence, de puissance, de volonté, que j'ai rassemblées, et celle de bonté qui en est une suite nécessaire.....

Il est au fond des âmes un principe inné de justice et de vertu, sur lequel, malgré nos propres maximes, nous jugeons nos actions et celles d'autrui comme bonnes ou mauvaises, et c'est à ce principe que je donne le nom de conscience.

Mais à ce mot j'entends s'élever de toutes parts la clameur des prétendus sages.....

Quand tous les philosophes du monde prouveraient que j'ai tort, si vous sentez que j'ai raison, je n'en veux pas davantage.

Il ne faut pour cela que vous faire distinguer nos idées acquises de nos sentiments naturels, car nous sentons nécessairement avant de connaître; et comme nous n'apprenons point à vouloir notre bien et à fuir notre mal, mais que nous tenons cette volonté de la nature, de même l'amour du bon et la haine du mauvais nous sont aussi naturels que l'amour de nous-mêmes. Les actes de la conscience ne sont pas des jugements, mais des sentiments.....

Conscience! conscience! instinct divin, immortelle et céleste voix; guide assuré d'un être ignorant et borné, mais intelligent et libre; juge infaillible du bien et du mal, qui rends l'homme semblable à Dieu! c'est toi qui fais l'excellence de sa nature et la moralité de ses actions; sans toi, je ne sens rien en moi qui m'élève au-dessus des bêtes, que le triste privilége de m'égarer d'erreurs en erreurs à l'aide d'un entendement sans règle et d'une raison sans principe.

O mon enfant! puissiez-vous sentir un jour de quel poids on est soulagé quand, après avoir épuisé la vanité des opinions humaines et goûté l'amertume des passions, on trouve enfin si près de soi la route de la sagesse, le prix des travaux de cette vie et la source du bonheur dont on a désespéré! Tous les devoirs de la loi naturelle, presque effacés de mon cœur par l'injustice des hommes, s'y retracent au nom de l'éternelle justice qui me les impose et qui me les voit remplir. Je ne sens plus en moi que l'ouvrage et l'instrument du grand Etre qui veut le bien, qui le fait, qui fera le mien par le concours de mes volontés aux siennes et par le bon usage de ma liberté; j'acquiesce à l'ordre qu'il établit, sûr de jouir moi-même un jour de cet ordre et d'y trouver ma félicité; car quelle félicité plus douce que de se sentir ordonné dans un système où tout est bien? En proie à la douleur, je la supporte avec patience, en songeant qu'elle est passagère et qu'elle vient d'un corps qui n'est point à moi. Si je fais une bonne action sans témoin, je sais qu'elle est vue, et je prends acte pour l'autre vie de ma conduite en celle-ci. En souffrant une injustice, je me dis : « L'Etre juste qui régit tout saura bien m'en dédommager; » les besoins de mon corps, les misères de ma vie me rendent l'idée de la mort plus supportable : ce seront autant de liens de moins à rompre quand il faudra tout quitter.....

Pour m'élever d'avance, autant qu'il se peut, à cet état de bonheur, de force et de liberté, je m'exerce aux sublimes contemplations. Je médite sur l'ordre de l'univers, non pour l'expliquer par de vains systèmes, mais pour l'admirer sans cesse, pour adorer le sage auteur qui s'y fait sentir. Je converse avec lui, je pénètre toutes mes facultés de sa divine essence ; je m'attendris à ses bienfaits, je le bénis de ses dons : mais je ne le prie pas. Que lui demanderais-je? qu'il changeât pour moi le cours des choses, qu'il fît des miracles en ma faveur? Moi qui dois aimer par-dessus tout l'ordre établi par sa sagesse et maintenu par sa providence, voudrais-je que cet ordre fût troublé pour moi? Non, ce vœu téméraire mériterait d'être plutôt puni qu'exaucé. Je ne lui demande pas non plus le pouvoir de bien faire : pourquoi lui demander ce qu'il m'a donné? ne m'a-t-il pas donné la conscience pour aimer le bien, la raison pour le connaître, la liberté pour le choisir? Si je fais le mal, je n'ai point d'excuse; je le fais parce que je le veux : lui demander de changer ma volonté, c'est lui demander ce qu'il me demande ; c'est vouloir qu'il fasse mon œuvre et que j'en recueille le salaire ; n'être pas content de mon état, c'est ne vouloir plus être homme, c'est vouloir autre chose que ce qui est, c'est vouloir le désordre et le mal. Source de justice et de vérité, Dieu clément et bon, dans ma confiance en toi, le suprême vœu de mon cœur est que ta volonté soit faite. En y joignant la mienne, je fais ce que tu fais, j'acquiesce à ta bonté ; je crois partager d'avance la suprême félicité qui en est le prix.

Dans la juste défiance de moi-même, la seule chose que je lui demande, ou plutôt que j'attends de sa justice, est de redresser mon erreur si je m'égare et si cette erreur m'est dangereuse. Pour être de bonne foi, je ne me crois pas infaillible : mes opinions qui me semblent les plus vraies sont peut-être autant de mensonges; car quel homme ne tient pas aux siennes? et combien d'hommes sont d'accord en tout? L'illusion qui m'abuse a beau me venir de moi, c'est lui seul qui m'en peut guérir. J'ai fait ce que j'ai pu pour atteindre à la vérité, mais sa source est trop élevée; quand les forces me manquent pour aller plus loin, de quoi puis-je être coupable? c'est à elle à s'approcher.

J'ai donc refermé tous les livres. Il en est un seul ouvert à tous les yeux, c'est celui de la nature.

C'est dans ce grand et sublime livre que j'apprends à servir et adorer son divin auteur. Nul n'est excusable de n'y pas lire, parce qu'il parle à tous les hommes une langue intelligible à tous les esprits. Quand je serais né dans une île déserte, quand je n'aurais point vu d'autre homme que moi, quand je n'aurais jamais appris ce qui s'est fait anciennement dans un coin du monde ; si j'exerce ma raison, si je la cultive, si j'use bien des facultés immédiates que Dieu me donne, j'apprendrai de moi-même à le connaître, à l'aimer, à aimer ses œuvres, à vouloir le bien qu'il veut, et à remplir pour lui plaire tous mes devoirs sur la terre. Qu'est-ce que tout le savoir des hommes m'apprendra de plus?.....

Je vous avoue aussi que la sainteté de l'Evangile est un argument qui parle à mon cœur, et auquel j'aurais même regret de trouver quelque bonne réponse. Voyez les livres des philosophes avec toute leur pompe : qu'ils sont petits près de celui-là ! Se peut-il qu'un livre à la fois si sublime et si simple soit l'ouvrage des hommes ? Se peut-il que celui dont il fait l'histoire ne soit qu'un homme lui-même ? Est-ce là le ton d'un enthousiaste ou d'un ambitieux sectaire? Quelle douceur, quelle pureté dans ses mœurs! quelle grâce touchante dans ses instructions ! quelle élévation dans ses maximes! quelle profonde sagesse dans ses discours! quelle présence d'esprit, quelle finesse et quelle justesse dans ses réponses! quel empire sur ses passions! Où est l'homme, où est le sage qui sait agir, souffrir et mourir sans faiblesse et sans ostentation? Quand Platon peint son juste imaginaire couvert de tout l'opprobre du crime, et digne de tous les prix de la vertu, il peint trait pour trait Jésus-Christ : la ressemblance est si frappante que tous les Pères l'ont sentie, et qu'il n'est pas possible de s'y tromper. Quels préjugés, quel aveuglement ne faut-il point avoir pour oser comparer le fils de Sophronisque au fils de Marie? Quelle distance de l'un à l'autre! Socrate, mourant sans douleur, sans ignominie, soutint aisément jusqu'au bout son personnage; et si cette facile mort n'eût honoré sa vie, on douterait si Socrate, avec tout son esprit, fut autre chose qu'un sophiste. Il inventa, dit-on, la morale; d'autres avant lui l'avaient mise en pratique : il ne fit que dire ce qu'ils avaient fait, il ne fit que mettre en leçons leurs exemples. Aristide avait été juste avant que Socrate eût dit ce que c'était que justice; Léonidas était mort pour son pays avant que Socrate eût fait un devoir d'aimer la patrie; Sparte était sobre avant que Socrate eût loué la sobriété ; avant qu'il eût défini la vertu, la Grèce abondait en hommes vertueux. Mais où Jésus avait-il pris chez les siens cette morale élevée et pure dont lui seul a donné les leçons et l'exemple? Du sein du plus furieux fanatisme la plus haute sagesse se fit entendre; et la simplicité des plus héroïques vertus honora le plus vil de tous les peuples. La mort de Socrate, philosophant tranquillement avec ses amis, est la plus douce qu'on puisse désirer; celle de Jésus expirant dans les tourments, injurié, raillé, maudit de tout un peuple, est la plus horrible qu'on puisse craindre. Socrate prenant la coupe empoisonnée bénit celui qui la lui présente et qui pleure; Jésus, au milieu d'un supplice affreux, prie pour ses bourreaux acharnés. Oui, si la vie et la mort de Socrate sont d'un sage, la vie et la mort de Jésus sont d'un Dieu. Dirons-nous que l'histoire de l'Evangile est inventée à plaisir? Mon ami, ce n'est pas ainsi qu'on invente; et les faits de Socrate, dont personne ne doute, sont moins attestés que ceux de Jésus-Christ. Au fond, c'est reculer la difficulté sans la détruire; il serait plus inconcevable que plusieurs hommes d'accord eussent fabriqué ce livre, qu'il ne l'est qu'un seul en ait fourni le sujet. Jamais des auteurs juifs n'eussent trouvé ni ce ton, ni cette morale; et l'Evangile a des caractères de vérité si grands, si frappants, si parfaitement inimitables, que l'inventeur en serait plus étonnant que le héros.

Avec tout cela, ce même Evangile est plein de choses incroyables, de choses qui répugnent à la raison, et qu'il est impossible à tout homme sensé de concevoir ni d'admettre. Que faire au milieu de toutes ces contradictions? Etre toujours modeste et circonspect, mon enfant; respecter en silence ce qu'on ne saurait ni rejeter, ni comprendre, et s'humilier devant le grand Etre qui seul sait la vérité.

Ibidem.

Réponse au mandement contre l'Emile.

Monseigneur, je suis chrétien, et sincèrement chrétien, selon la doctrine de l'Evangile. Je suis chrétien, non comme un disciple des prêtres, mais comme un disciple de Jésus-Christ. Mon maître a peu subtilisé sur le dogme et beaucoup insisté sur les devoirs: il prescrivait moins d'articles de foi que de bonnes œuvres; il n'ordonnait de croire que ce qui était nécessaire pour être bon; quand il résumait la loi et les prophètes, c'était bien plus dans les actes de vertu que dans les formules de croyance; et il m'a dit par lui-même et par ses apôtres que celui qui aime son frère a accompli la loi.

Moi, de mon côté, très-convaincu des **vérités**
essentielles au christianisme, lesquelles servent de
fondement à toute bonne morale, cherchant au sur-
plus à nourrir mon cœur de l'esprit de l'Evangile
sans tourmenter ma raison de ce qui m'y paraît
obscur; enfin, persuadé que quiconque aime Dieu
par-dessus toute chose et son prochain comme soi-
même est un vrai chrétien, je m'efforce de l'être,
laissant à part toutes ces subtilités de doctrine, tous
ces importants galimatias dont les pharisiens em-
brouillent nos devoirs et offusquent notre foi, et
mettant avec saint Paul la foi même au-dessous de
la charité.....

Vous avez la bonté de faire de moi un portrait
dans lequel la gravité épiscopale s'égaye à des an-
tithèses, et où je me trouve un personnage fort
plaisant. Cet endroit, monseigneur, m'a paru le plus
joli morceau de votre mandement; on ne saurait
faire une satire plus agréable, ni diffamer un homme
avec plus d'esprit.

« *Du sein de l'erreur* (il est vrai que j'ai passé
ma jeunesse dans votre Eglise) *il s'est élevé* (pas
fort haut) *un homme plein du langage de la philosophie* (comment prendrais-je un langage que je n'entends point?), *sans être véritablement philosophe* (oh!
d'accord, je n'aspirerai jamais à ce titre, auquel je re-

connais n'avoir aucun droit, et je n'y renonce assurément pas par modestie), *esprit doué d'une multitude de connaissances* (j'ai appris à ignorer des multitudes de choses que je croyais savoir) *qui ne l'ont
pas éclairé* (elles m'ont appris à ne pas penser l'être),
et qui ont répandu des ténèbres dans les autres esprits
(les ténèbres de l'ignorance valent mieux que la
fausse lumière de l'erreur); *caractère livré aux paradoxes d'opinions et de conduite* (y a-t-il beaucoup
à perdre à ne pas agir et penser comme tout le
monde?), *alliant la simplicité des mœurs avec le faste
des pensées* (la simplicité des mœurs élève l'âme;
quant au faste de mes pensées, je ne sais ce que
c'est), *le zèle des maximes antiques avec la fureur
d'établir des nouveautés* (rien de plus nouveau pour
nous que des maximes antiques; il n'y a point à
cela d'alliage, et je n'y ai point mis de fureur), *l'obscurité de la retraite avec le désir d'être connu de tout
le monde* (Monseigneur, vous voilà comme les fai-
seurs de romans, qui devinent tout ce que leur héros a dit et pensé dans sa chambre. Si c'est ce désir
qui m'a mis la plume à la main, expliquez comment
il m'est venu si tard, ou pourquoi j'ai tardé si longtemps à le satisfaire). *On l'a vu invectiver contre les
sciences qu'il cultivait* (cela prouve que je n'imite
pas vos gens de lettres, et que dans mes écrits l'intérêt de la vérité marche avant le mien), *préconiser*

l'excellence de l'Evangile (toujours et avec le plus vrai zèle), *dont il détruisait les dogmes* (non, mais j'en prêchais la charité bien détruite par les prêtres), *peindre la beauté des vertus qu'il éteignait dans l'âme de ses lecteurs.* (Ames honnêtes, est-il vrai que j'éteins en vous les vertus?).....

Voilà, Monseigneur, comment vous me traitez, et bien plus cruellement encore, moi que vous ne connaissez point, et que vous ne jugez que sur des ouï-dire. Est-ce donc là la morale de cet Evangile dont vous vous portez pour le défenseur? Accordons que vous voulez préserver votre troupeau du poison de mon livre : pourquoi des personnalités contre l'auteur? J'ignore quel effet vous attendez d'une conduite si peu chrétienne; mais je sais que défendre sa religion par de telles armes, c'est la rendre fort suspecte aux gens de bien.

Cependant, c'est moi que vous appelez téméraire. Eh! comment ai-je mérité ce nom, en ne proposant que des doutes, et même avec tant de réserve; en n'avançant que des raisons, et même avec tant de respect; en n'attaquant personne, en ne nommant personne? Et vous, Monseigneur, comment osez-vous traiter ainsi celui dont vous parlez avec si peu de justice et de bienséance, avec si peu d'égard, avec tant de légèreté ?

Vous me traitez d'impie! et de quelle impiété

pouvez-vous m'accuser, moi qui jamais n'ai parlé de l'Etre suprême que pour lui rendre la gloire qui lui est due, ni du prochain que pour porter tout le monde à l'aimer? Les impies sont ceux qui profanent indignement la cause de Dieu en la faisant servir aux passions des hommes. Les impies sont ceux qui, s'osant porter pour interprètes de la Divinité, pour arbitre entre elle et les hommes, exigent pour eux-mêmes les honneurs qui lui sont dus. Les impies sont ceux qui s'arrogent le droit d'exercer le pouvoir de Dieu sur la terre, et veulent ouvrir et fermer le ciel à leur gré. Les impies sont ceux qui font lire des libelles dans les églises. A cette idée horrible tout mon sang s'allume, et des larmes d'indignation coulent de mes yeux. Prêtres du Dieu de paix, vous lui rendrez compte un jour, n'en doutez pas, de l'usage que vous osez faire de sa maison.

Vous me traitez d'imposteur! et pourquoi? Dans votre manière de penser, j'erre; mais où est mon imposture? Raisonner et se tromper, est-ce en imposer? Un sophiste même qui trompe sans se tromper n'est pas un imposteur encore, tant qu'il se borne à l'autorité de la raison, quoiqu'il en abuse. Un imposteur veut être cru sur sa parole, il veut lui-même faire autorité. Un imposteur est un fourbe qui veut en imposer aux autres pour son profit; et où est, je vous prie, mon profit dans cette affaire? Les imposteurs sont, selon Ulpien, ceux qui font des prestiges, des imprécations, des exorcismes: or, assurément, je n'ai jamais rien fait de tout cela.

Que vous discourez à votre aise, vous autres hommes constitués en dignité! Ne reconnaissant de droits que les vôtres, ni de lois que celles que vous imposez, loin de vous faire un devoir d'être justes, vous ne vous croyez pas même obligés d'être humains. Vous accablez fièrement le faible sans répondre de vos iniquités à personne: les outrages ne vous coûtent pas plus que les violences; sur les moindres convenances d'intérêt ou d'état, vous nous balayez devant vous comme la poussière. Les uns décrètent et brûlent, les autres diffament et déshonorent, sans droit, sans raison, sans mépris, même sans colère, uniquement parce que cela les arrange et que l'infortuné se trouve sur leur chemin. Quand vous nous insultez impunément, il ne nous est pas même permis de nous plaindre; et si nous montrons notre innocence et vos torts, on nous accuse encore de vous manquer de respect.

Monseigneur, vous m'avez insulté publiquement; je viens de vous prouver que vous m'avez calomnié. Si vous étiez un particulier comme moi, que je pusse vous citer devant un tribunal équitable, et que nous y comparussions tous deux, moi avec mon livre, et vous avec votre mandement, vous y seriez certainement déclaré coupable et condamné à me faire une réparation aussi publique que l'offense l'a été. Mais vous tenez un rang où l'on est dispensé d'être juste; et je ne suis rien. Cependant, vous qui professez l'Evangile, vous prélat fait pour apprendre aux autres leur devoir, vous savez le vôtre en pareil cas. Pour moi, j'ai fait le mien, je n'ai plus rien à vous dire, et je me tais.

Lettre à M. de Beaumont, archevêque de Paris, 1763.

La superstition.

La religion est utile et même nécessaire aux peuples. Cela n'est-il pas dit, soutenu, prouvé dans ce même écrit? Loin d'attaquer les vrais principes de la religion, l'auteur les pose, les affermit de tout son pouvoir ; ce qu'il attaque, ce qu'il combat, ce qu'il doit combattre, c'est le fanatisme aveugle, la superstition cruelle, le stupide préjugé. Mais il faut, disent-ils, respecter tout cela. Mais pourquoi? Parce que c'est ainsi qu'on mène les peuples. Oui, c'est ainsi qu'on les mène à leur perte. La superstition est le plus terrible fléau du genre humain ; elle abrutit les simples, elle persécute les sages, elle enchaîne les nations, elle fait partout cent maux effroyables: quel bien fait-elle? Aucun; si elle en fait, c'est aux tyrans; elle est leur arme la plus terrible, et cela même est le plus grand mal qu'elle ait jamais fait.

Ils disent qu'en attaquant la superstition je veux détruire la religion même : comment le savent-ils? Pourquoi confondent-ils ces deux causes que je distingue avec tant de soin ? Comment ne voient-ils point que cette imputation réfléchit contre eux dans toute sa force, et que la religion n'a point d'ennemis plus terribles que les défenseurs de la superstition? Il serait bien cruel qu'il fût si aisé d'inculper l'intention d'un homme quand il est si difficile de la justifier.

Lettres écrites de la montagne, 1764.

———

Les chrétiens disputeurs et les chrétiens paisibles.

Supposons un moment la profession de foi du vicaire adoptée en un coin du monde chrétien, et voyons ce qu'il en résulterait en bien et en mal. Ce ne sera ni l'attaquer ni la défendre; ce sera la juger par ses effets.

Je vois d'abord les choses les plus nouvelles sans

aucune apparence de nouveauté ; nul changement dans le culte, et de grands changements dans les cœurs, des conversions sans éclat, de la foi sans dispute, du zèle sans fanatisme, de la raison sans impiété ; peu de dogmes et beaucoup de vertus ; la tolérance du philosophe et la charité du chrétien.

Nos prosélytes auront deux règles de foi qui n'en font qu'une : la raison et l'Evangile ; la seconde sera d'autant plus immuable qu'elle ne se fondera que sur la première, et nullement sur certains faits, lesquels, ayant besoin d'être attestés, remettent la religion sous l'autorité des hommes.

Toute la différence qu'il y aura d'eux aux autres chrétiens est que ceux-ci sont des gens qui disputent beaucoup sur l'Evangile sans se soucier de le pratiquer, au lieu que nos gens s'attacheront beaucoup à la pratique, et ne disputeront point.

Quand les chrétiens disputeurs viendront leur dire : « Vous vous dites chrétiens sans l'être ; car, pour être chrétiens, il faut croire en Jésus-Christ, et vous n'y croyez point ; » les chrétiens paisibles leur répondront : « Nous ne savons pas bien si nous croyons en Jésus-Christ dans votre idée, parce que nous ne l'entendons pas ; mais nous tâchons d'observer ce qu'il nous prescrit. Nous sommes chrétiens, chacun à notre manière : nous, en gardant sa parole ; et vous, en croyant en lui. Sa charité veut que nous soyons tous frères : nous la suivons en vous admettant pour tels ; pour l'amour de lui ne nous ôtez pas un titre que nous honorons de toutes nos forces, et qui nous est aussi cher qu'à vous. »

Ibidem.

—

Le Contrat social *et le gouvernement de Genève.*

J'ai donc pris votre constitution, que je trouvais belle, pour modèle des institutions politiques; et, vous proposant en exemple à l'Europe, loin de chercher à vous détruire, j'exposais les moyens de vous conserver. Cette constitution, toute bonne qu'elle est, n'est pas sans défaut ; on pouvait prévenir les altérations qu'elle a souffertes, la garantir du danger qu'elle court aujourd'hui. J'ai prévu ce danger, je l'ai fait entendre, j'indiquais des préservatifs : était-ce la vouloir détruire que de montrer ce qu'il fallait faire pour la maintenir? C'était par mon attachement pour elle que j'aurais voulu que rien ne pût l'altérer. Voilà tout mon crime : j'avais tort peut-être ; mais si l'amour de la patrie m'aveugla sur cet article, était-ce à elle de m'en punir?

Comment pouvais-je tendre à renverser tous les gouvernements, en posant en principe tous ceux du vôtre? Le fait seul détruit l'accusation. Puisqu'il y avait un gouvernement existant sur mon modèle, je ne tendais donc pas à détruire tous ceux qui existaient. Eh ! Monsieur, si je n'avais fait qu'un système, vous êtes bien sûr qu'on n'aurait rien dit : on se fût contenté de reléguer le *Contrat social* avec la *République* de Platon, l'*Utopie* et les *Sévarambes*, dans le pays des chimères. Mais je peignais un objet existant, et l'on voulait que cet objet changeât de face. Mon livre portait témoignage contre l'attentat qu'on allait faire : voilà ce qu'on ne m'a pas pardonné.

Mais voici qui vous paraîtra bizarre. Mon livre attaque tous les gouvernements, et il n'est proscrit dans aucun ! Il en établit un seul, il le propose en exemple, et c'est dans celui-là qu'il est brûlé ! N'est-il pas singulier que les gouvernements attaqués se taisent, et que le gouvernement respecté sévisse ? Quoi ! le magistrat de Genève se fait le protecteur des autres gouvernements contre le sien même ! Il punit son propre citoyen d'avoir préféré les lois de son pays à toutes les autres ! Cela est-il concevable ?

Ibidem.

Point de liberté sans lois.

On a beau vouloir confondre l'indépendance et la liberté, ces deux choses sont si différentes que même elles s'excluent mutuellement. Quand chacun fait ce qu'il lui plaît, on fait souvent ce qui déplaît à d'autres, et cela ne s'appelle pas un Etat libre. La liberté consiste moins à faire sa volonté qu'à n'être pas soumis à celle d'autrui; elle consiste encore à ne pas soumettre la volonté d'autrui à la nôtre. Quiconque est maître ne peut être libre; et régner, c'est obéir. Vos magistrats savent cela mieux que personne, eux qui, comme Othon, n'omettent rien de servile pour commander. Je ne connais de volonté vraiment libre que celle à laquelle nul n'a droit d'opposer de la résistance; dans la liberté commune, nul n'a droit de faire ce que la liberté d'un autre lui interdit, et la vraie liberté n'est jamais destructive d'elle-même. Ainsi la liberté sans la justice est une véritable contradiction; car, comme qu'on s'y prenne, tout gêne dans l'exécution d'une volonté désordonnée.

Il n'y a donc point de liberté sans lois, ni où quelqu'un est au-dessus des lois: dans l'état même de nature, l'homme n'est libre qu'à la faveur de la loi naturelle, qui commande à tous. Un peuple libre obéit, mais il ne sert pas; il a des chefs, et non pas des maîtres; il obéit aux lois, mais il n'obéit qu'aux lois, et c'est par la force des lois qu'il n'obéit pas aux hommes.

Ibidem.

Du changement de religion.

Vous voilà seul sur la terre dans l'âge où l'homme doit tenir à tout ; je vous plains, et c'est pour cela que je ne puis vous approuver, puisque vous avez voulu vous isoler vous-même au moment où cela vous convenait le moins. Si vous croyez avoir suivi mes principes, vous vous trompez : vous avez suivi l'impétuosité de votre âge ; une démarche d'un tel éclat valait assurément la peine d'être bien pesée avant d'en venir à l'exécution.....

L'effet naturel de cette conduite a été de vous brouiller avec Mme votre mère. Je vois, sans que vous me le montriez, le fil de tout cela ; et, quand il n'y aurait que ce que vous me dites, à quoi bon aller effaroucher la conscience tranquille d'une mère, en lui montrant sans nécessité des sentiments différents des siens? Il fallait, Monsieur, garder ces sentiments au dedans de vous pour la règle de votre conduite, et leur premier effet devait être de vous faire endurer avec patience les tracasseries de vos prêtres et de ne pas changer ces tracasseries en persécutions, en voulant secouer hautement le joug de la religion où vous étiez né. Je pense si peu comme vous sur cet article, que, quoique le clergé protestant me fasse une guerre ouverte, et que je sois fort éloigné de penser comme lui sur tous les points, je n'en demeure pas moins sincèrement uni à la communion de notre Eglise, bien résolu d'y vivre et d'y mourir s'il dépend de moi : car il est très-consolant pour un croyant affligé de rester en communauté de culte avec ses frères, et de servir Dieu conjointement avec eux.....

Je vous parle, Monsieur, avec effusion de cœur, et comme un père parlerait à son enfant. Votre brouillerie avec Mme votre mère me navre. J'avais dans mes malheurs la consolation de croire que mes écrits ne pouvaient faire que du bien ; voulez-vous m'ôter encore cette consolation ? Je sais que, s'ils font du mal, ce n'est que faute d'être entendus ; mais j'aurais toujours le regret de n'avoir pu me faire entendre. Cher Saint-Brisson, un fils brouillé avec sa mère a toujours tort : de tous les sentiments naturels, le seul demeuré parmi nous est l'affection maternelle. Le droit des mères est le plus sacré que je connaisse ; en aucun cas on ne peut le violer sans crime : raccommodez-vous donc avec la vôtre. Allez vous jeter à ses pieds ; à quelque prix que ce soit, apaisez-la..... La raison, l'honneur, votre intérêt, tout le veut : moi, je l'exige pour répondre aux sentiments dont vous m'honorez. Si vous le faites, comptez sur mon amitié, sur toute mon estime, sur mes soins, si jamais ils vous sont bons à quelque chose. Si vous ne le faites pas, vous n'avez qu'une mauvaise tête ; ou, qui est pis, votre cœur vous conduit mal, et je ne veux conserver des liaisons qu'avec des gens dont la tête et le cœur soient sains.

Lettre à M. de Saint-Brisson, 1764.

—

Etudes préliminaires du législateur.

Je ne puis guère espérer d'être en état d'aller en Corse. Quand je pourrais entreprendre ce voyage, ce ne serait que dans la belle saison : d'ici là, le temps est précieux, il faut l'épargner tant qu'il est possible, et il sera perdu jusqu'à ce que j'aie reçu vos instructions. Je joins ici une note rapide des premières dont j'ai besoin.....

Il s'agit d'un si grand objet, que ma témérité me fait trembler : n'y joignons pas du moins l'étourderie.....

Les mémoires dont j'ai besoin reçus, il me faut bien six mois pour m'instruire, et autant au moins pour digérer mes instructions ; de sorte que, du printemps prochain en un an, je pourrais proposer mes premières idées sur une forme provisionnelle, et, au bout de trois autres années, mon plan complet d'institution. Comme on ne doit promettre que ce qui dépend de soi, je ne suis pas sûr de mettre en état mon travail en si peu de temps, mais je suis si sûr de ne pouvoir l'abréger, que s'il faut rapprocher un de ces deux termes, il vaut mieux que je n'entreprenne rien.....

(Mémoire joint à cette lettre.)

Une bonne carte de la Corse, où les divers districts soient marqués et distingués par leurs noms, même, s'il se peut, par des couleurs.

Une exacte description de l'île ; son histoire naturelle, ses productions, sa culture, sa division par districts ; le nombre, la grandeur, la situation des villes, bourgs, paroisses ; le dénombrement du peuple aussi exact qu'il sera possible ; l'état des forteresses, des ports ; l'industrie, les arts, la marine ; le commerce qu'on fait ; celui qu'on pourrait faire, etc.

Quel est le nombre, le crédit du clergé ? quelles sont ses maximes ? quelle est sa conduite relativement à la patrie ? Y a-t-il des maisons anciennes, des corps privilégiés, de la noblesse ? Les villes ont-elles des droits municipaux ? en sont-elles fort jalouses ?

Quelles sont les mœurs du peuple, ses goûts, ses occupations, ses amusements, l'ordre et les divisions militaires, la discipline, la manière de faire la guerre, etc. ?

L'histoire de la nation jusqu'à ce moment, les lois, les statuts; tout ce qui regarde l'administration actuelle, les inconvénients qu'on y trouve, l'exercice de la justice, les revenus publics, l'ordre économique, la manière de poser et de lever les taxes, ce que paie à peu près le peuple et ce qu'il peut payer annuellement, et l'un portant l'autre.

Ceci contient en général les instructions nécessaires : mais les unes veulent être détaillées; il suffit de dire les autres sommairement. En général, tout ce qui fait le mieux connaître le génie national ne saurait être trop expliqué. Souvent un trait, un mot, une action dit plus que tout un livre ; mais il vaut mieux trop que pas assez.

Lettres sur la législation de la Corse, 1764.

—

La fleur.

Si je livrais mon imagination aux douces sensations que ce mot semble appeler, je pourrais faire un article agréable peut-être aux bergers, mais fort mauvais pour les botanistes : écartons donc un moment les vives couleurs, les odeurs suaves, les formes élégantes, pour chercher premièrement à bien connaître l'être organisé qui les rassemble. Rien ne paraît d'abord plus facile : qui est-ce qui croit avoir besoin qu'on lui apprenne ce que c'est qu'une fleur? « Quand on ne me demande pas ce que c'est que le temps, disait saint Augustin, je le sais fort bien; je ne le sais plus quand on me le demande. » On en pourrait dire autant de la fleur et peut-être de la beauté même, qui, comme elle, est la rapide proie du temps. En effet, tous les botanistes qui ont voulu donner jusqu'ici des définitions de la fleur ont échoué dans cette entreprise, et les plus illustres, tels que MM. Linnæus, Haller, Adanson, qui sentaient mieux la difficulté que les autres, n'ont pas même tenté de la surmonter, et ont laissé la fleur à définir.....

On me présente une rose, et l'on me dit: « Voilà une fleur. » C'est me la montrer, je l'avoue, mais ce n'est pas la définir, et cette inspection ne me suffira pas pour décider sur toute autre plante si ce que je vois est ou n'est pas la fleur ; car il y a une multitude de végétaux qui n'ont, dans aucune de leurs parties, la couleur apparente que Ray, Tournefort, Jungins, font entrer dans la définition de la fleur, et qui pourtant portent des fleurs non moins réelles que celles du rosier, quoique bien moins apparentes.

On prend généralement pour la fleur la partie colorée de la fleur, qui est la corolle ; mais on s'y trompe aisément: il y a des bractées et d'autres organes autant et plus colorés que la fleur même et qui n'en font point partie, comme on le voit dans l'ormin, dans le blé de vache, dans plusieurs amarantes et chenopodium ; il y a des multitudes de fleurs qui n'ont point du tout de corolle, d'autres qui l'ont sans couleur, si petite et si peu apparente, qu'il n'y a qu'une recherche bien soigneuse qui puisse l'y faire trouver. Lorsque les blés sont en fleur, y voit-on des pétales colorés? en voit-on dans les mousses, dans les graminées? en voit-on dans les chatons du noyer, du hêtre et du chêne, dans l'aune, dans le noisetier, dans le pin, et dans ces multitudes d'arbres et d'herbes qui n'ont que des fleurs à étamines? Ces fleurs néanmoins n'en portent pas moins le nom de fleur: l'essence de la fleur n'est donc pas dans la corolle.

Elle n'est pas non plus séparément dans aucune des autres parties constituantes de la fleur, puisqu'il n'y a aucune de ces parties qui ne manque à quelques espèces de fleurs..... L'essence de la fleur ne consiste donc ni, séparément, dans quelques-unes de ces parties dites constituantes, ni même dans l'assemblage de toutes ces parties. En quoi donc consiste proprement cette essence? Voilà la question, voilà la difficulté.....

Je crois que le défaut général vient ici d'avoir trop considéré la fleur comme une substance absolue, tandis qu'elle n'est, ce me semble, qu'un être collectif et relatif; et d'avoir trop raffiné sur les idées, tandis qu'il fallait se borner à celle qui se présentait naturellement. Selon cette idée, la fleur ne me paraît être que l'état passager des parties de la fructification durant la fécondation du germe: de là suit que, quand toutes les parties de la fructification seront réunies, il n'y aura qu'une fleur; quand elles seront séparées, il y en aura autant qu'il y a de parties essentielles à la fécondation.....

Dictionnaire de botanique, 1766.

Des conspirations.

Les conspirations peuvent être des actes héroïques de patriotisme, et il y en a eu de telles; mais presque toujours elles ne sont que des crimes punissables, dont les auteurs songent bien moins à servir la patrie qu'à l'asservir, et à la délivrer de ses tyrans qu'à l'être. Pour moi, je vous déclare que je ne voudrais pour rien au monde avoir trempé dans la conspiration la plus légitime, parce qu'enfin ces sortes d'entreprises ne peuvent s'exécuter sans troubles, sans désordres, sans violences, quelquefois sans effusion de sang, et qu'à mon avis le sang d'un seul homme est d'un plus grand prix que la liberté de tout le genre humain. Ceux qui aiment sincèrement la liberté n'ont pas besoin, pour la trouver, de tant de machines, et, sans causer ni révolutions ni troubles, quiconque veut être libre l'est en effet.

Lettre à Madame ***, 1766.

Le génie.

Ne cherche point, jeune artiste, ce que c'est que le *génie*. En as-tu, tu le sens en toi-même. N'en as-tu pas, tu ne le connaîtras jamais. Le *génie* du musicien soumet l'univers entier à son art; il peint tous les tableaux par des sons; il fait parler le silence même; il rend les idées par des sentiments, les sentiments par des accents; et les passions qu'il exprime, il les excite au fond des cœurs; la volupté, par lui, prend de nouveaux charmes; la douleur qu'il fait gémir arrache des cris; il brûle sans cesse et ne se consume jamais: il exprime avec chaleur les frimas et les glaces; même en peignant les horreurs de la mort, il porte dans l'âme ce sentiment de vie qui ne l'abandonne point, et qu'il communique aux cœurs faits pour le sentir: mais, hélas! il ne sait rien dire à ceux où son germe n'est pas, et ses prodiges sont peu sensibles à qui ne les peut imiter. Veux-tu donc savoir si quelque étincelle de ce feu dévorant t'anime ; cours, vole à Naples écouter les chefs-d'œuvre de Léo, de Durante, de Jomelli, de Pergolèse. Si tes yeux s'emplissent de larmes, si tu sens ton cœur palpiter, si des tressaillements t'agitent, si l'oppression te suffoque dans tes transports, prends le Métastase et travaille, son *génie* échauffera le tien, tu créeras à son exemple ; c'est là ce que fait le *génie*, et d'autres yeux te rendront bientôt les pleurs que les maîtres t'ont fait verser. Mais si les charmes de ce grand art te laissent tranquille, si tu n'as ni délire ni ravissement, si tu ne trouves que beau ce qui transporte, oses-tu demander ce qu'est le *génie*? Homme vulgaire, ne profane point ce nom sublime. Que t'importerait de le connaître ? tu ne saurais le sentir : fais de la musique française.

Dictionnaire de musique, 1767.

—

La vie de famille.

L'habitude la plus douce qui puisse exister est celle de la vie domestique, qui nous tient plus près de nous qu'aucune autre : rien ne s'identifie plus

fortement, plus constamment avec nous, que notre
famille et nos enfants; les sentiments que nous ac-
quérons ou que nous renforçons dans ce commerce
intime sont les plus vrais, les plus durables, les plus
solides qui puissent nous attacher aux êtres péris-
sables, puisque la mort seule peut les éteindre; au
lieu que l'amour et l'amitié vivent rarement autant
que nous: ils sont aussi les plus purs, puisqu'ils tiennent de plus près à la nature, à l'ordre, et, par leur
seule force, nous éloignent du vice et des goûts dé-
pravés. J'ai beau chercher où l'on peut trouver le
vrai bonheur, s'il en est sur la terre, ma raison ne
me le montre que là..... Les comtesses ne vont pas
d'ordinaire l'y chercher, je le sais; elles ne se font
pas nourrices et gouvernantes; mais il faut aussi
qu'elles sachent se passer d'être heureuses; il faut
que, substituant leurs bruyants plaisirs au vrai bonheur, elles usent leur vie dans un travail de forçat
pour échapper à l'ennui qui les étouffe aussitôt
qu'elles respirent; et il faut que celles que la nature
doua de ce divin sens moral qui charme quand on
s'y livre, et qui pèse quand on l'élude, se résolvent
à sentir incessamment gémir et soupirer leur cœur,
tandis que leurs sens s'amusent.

Mais moi qui parle de famille, d'enfants..... Madame, plaignez ceux qu'un sort de fer prive d'un
pareil bonheur; plaignez-les s'ils ne sont que mal-

heureux; plaignez-les beaucoup plus s'ils sont coupables. Pour moi, jamais on ne me verra, prévaricateur de la vérité, plier dans mes égarements mes maximes à ma conduite; jamais on ne me verra falsifier les saintes lois de la nature et du devoir pour atténuer mes fautes. J'aime mieux les expier que les excuser.

Lettre à Madame B., 1770.

—

La politique positive.

Si l'on ne connaît à fond la nation pour laquelle on travaille, l'ouvrage qu'on fera pour elle, quelque excellent qu'il puisse être en lui-même, péchera toujours par l'application, et bien plus encore lorsqu'il s'agira d'une nation déjà toute instituée, dont les goûts, les mœurs, les préjugés et les vices sont trop enracinés pour pouvoir être aisément étouffés par des semences nouvelles. Une bonne institution pour la Pologne ne peut être l'ouvrage que des Polonais, ou de quelqu'un qui ait bien étudié sur les lieux la nation polonaise et celles qui l'avoisinent. Un étranger ne peut guère donner que des vues générales, pour éclairer, non pour guider l'instituteur.

Considérations sur le gouvernement de Pologne, 1772.

Principe de la musique dramatique.

C'est un grand et beau problème à résoudre, de déterminer jusqu'à quel point on peut faire chanter la langue et parler la musique. C'est d'une bonne solution de ce problème que dépend toute la théorie de la musique dramatique. L'instinct seul a conduit, sur ce point, les Italiens dans la pratique aussi bien qu'il était possible ; et les défauts énormes de leurs opéras ne viennent pas d'un mauvais genre de musique, mais d'une mauvaise application d'un bon genre.

L'accent oral par lui-même a sans doute une grande force, mais c'est seulement dans la déclamation : cette force est indépendante de toute musique, et, avec cet accent seul, on peut faire entendre une bonne tragédie, mais non pas un bon opéra. Sitôt que la musique s'y mêle, il faut qu'elle s'arme de tous ses charmes pour subjuguer le cœur par l'oreille. Si elle n'y déploie toutes ses beautés, elle y sera importune, comme si l'on faisait accompagner un orateur par des instruments ; mais en y mêlant ses richesses, il faut pourtant que ce soit avec un grand ménagement, afin de prévenir l'épuisement où jetterait bientôt nos organes une longue action toute en musique.

De ces principes il suit qu'il faut varier dans un drame l'application de la musique, tantôt en laissant dominer l'accent de la langue et le rhythme poétique, et tantôt en faisant dominer la musique à son tour, et prodiguant toutes les richesses de la mélodie, de l'harmonie et du rhythme musical, pour frapper l'oreille et toucher le cœur par des charmes auxquels il ne puisse résister. Voilà les raisons de la division d'un opéra en récitatif simple, récitatif obligé, et airs.

Quand le discours, rapide dans sa marche, doit être simplement débité, c'est le cas de s'y livrer uniquement à l'accent de la déclamation ; et, quand la langue a un accent, il ne s'agit que de rendre cet accent appréciable, en le notant par des intervalles musicaux, en s'attachant fidèlement à la prosodie, au rhythme poétique, et aux inflexions passionnées qu'exige le sens du discours. Voilà le récitatif simple, et ce récitatif doit être aussi près de la simple parole qu'il est possible ; il ne doit tenir à la musique que parce que la musique est la langue de l'opéra, et que parler et chanter alternativement, comme on fait ici dans les opéras-comiques, c'est s'énoncer successivement dans deux langues différentes, ce qui rend toujours choquant et ridicule le passage de l'une à l'autre, et qu'il est souveraine-

ment absurde qu'au moment où l'on se passionne
on change de voix pour dire une chanson.

Observations sur l'Alceste, de Glück. 1775.

—

A *Turin* (1730). *La devise expliquée.*

Un jour, on vint me chercher de la part du comte
de La Roque. Il me reçut bien, me dit que, sans
m'amuser de promesses vagues, il avait cherché à me placer ; qu'il avait réussi, qu'il me
mettait en chemin de devenir quelque chose, que
c'était à moi de faire le reste ; que la maison où il
me faisait entrer était puissante et considérée, que
je n'avais pas besoin d'autre protecteur pour m'a-
vancer ; et que, quoique traité d'abord en simple
domestique, je pouvais être assuré que, si l'on me
jugeait par mes sentiments et par ma conduite au-
dessus de cet état, on était disposé à ne m'y pas
laisser. La fin de ce discours démentit cruellement
les brillantes espérances que le commencement m'a-
vait données. « Quoi ! toujours laquais ! » me dis-je
en moi-même avec un dépit amer que la confiance
effaça bientôt. Je me sentais trop peu fait pour cette
place pour craindre qu'on m'y laissât.

Il me mena chez le comte de Gouvon, premier

écuyer de la reine, et chef de l'illustre maison de Solar. L'air de dignité de ce respectable vieillard me rendit plus touchante l'affabilité de son accueil. Il m'interrogea avec intérêt, et je lui répondis avec sincérité. Il dit au comte de La Roque que j'avais une physionomie agréable et qui promettait de l'esprit; qu'il lui paraissait qu'en effet je n'en manquais pas, mais que ce n'était pas là tout, et qu'il fallait voir le reste: puis, se tournant vers moi : « Mon enfant, me dit-il, presque en toutes choses les commencements sont rudes ; les vôtres ne le seront pourtant pas beaucoup. Soyez sage, et cherchez à plaire ici à tout le monde; voilà, quant à présent, votre unique emploi: du reste, ayez bon courage; on veut prendre soin de vous. » Tout de suite il passa chez la marquise de Breil, sa belle-fille, et me présenta à elle, puis à l'abbé de Gouvon, son fils. Ce début me parut de bon augure. J'en savais assez déjà pour juger qu'on ne fait pas tant de façon à la réception d'un laquais. En effet, on ne me traita pas comme tel. J'eus la table de l'office; on ne me donna point d'habit de livrée; et le comte de Favria, jeune étourdi, m'ayant voulu faire monter derrière son carrosse, son grand-père défendit que je montasse derrière aucun carrosse, et que je suivisse personne hors de la maison. Cependant je servais à table, et je faisais à peu près au-dedans le service d'un laquais ; mais je le faisais en quelque façon librement, sans être attaché nommément à personne. Hors quelques lettres qu'on me dictait, et des images que le comte de Favria me faisait découper, j'étais presque le maître de tout mon temps dans la journée. Cette épreuve, dont je ne m'apercevais pas, était assurément très-dangereuse : elle n'était pas même fort humaine ; car cette grande oisiveté pouvait me faire contracter des vices que je n'aurais pas eus sans cela.

Comme on ne m'avait guère examiné sur mes petits talents et qu'on ne me supposait que ceux que m'avait donnés la nature, il ne paraissait pas, malgré ce que le comte de Gouvon m'avait pu dire, qu'on songeât à tirer parti de moi.....

J'aimais à voir Mlle de Breil, à lui entendre dire quelques mots qui marquaient de l'esprit, du sens, de l'honnêteté : mon ambition, bornée au plaisir de la servir, n'allait point au delà de mes droits. A table, j'étais attentif à chercher l'occasion de les faire valoir. Si son laquais quittait un moment sa chaise, à l'instant on m'y voyait établi : hors de là, je me tenais vis-à-vis d'elle ; je cherchais dans ses yeux ce qu'elle allait demander, j'épiais le moment de changer son assiette. Que n'aurais-je point fait pour qu'elle daignât m'ordonner quelque chose, me regarder, me dire un seul mot ! mais point ; j'avais la mortification d'être nul pour elle ; elle ne s'apercevait pas même que j'étais là. Cependant son frère, qui m'adressait quelquefois la parole à table, m'ayant dit je ne sais quoi de peu obligeant, je lui fis une réponse si fine et si bien tournée, qu'elle y fit attention, et jeta les yeux sur moi. Ce coup d'œil, qui fut court, ne laissa pas de me transporter. Le lendemain, l'occasion se présenta d'en obtenir un second, et j'en profitai. On donnait ce jour-là un grand dîner, où, pour la première fois, je vis avec beaucoup d'étonnement le maître d'hôtel servir l'épée au côté et le chapeau sur la tête. Par hasard, on vint à parler de la devise de la maison de Solar, qui était sur la tapisserie avec les armoiries : *Tel fiert qui ne tue pas.* Comme les Piémontais ne sont pas pour l'ordinaire consommés dans la langue française, quelqu'un trouva dans cette devise une faute d'orthographe, et dit qu'au mot *fiert* il ne fallait point de *t.*

Le vieux comte de Gouvon allait répondre; mais ayant jeté les yeux sur moi, il vit que je souriais sans oser rien dire: il m'ordonna de parler. Alors je dis que je ne croyais pas que le *t* fût de trop; que *fiert* était un vieux mot français qui ne venait pas du mot *ferus*, fier, menaçant, mais du verbe *ferit*, il frappe, il blesse; qu'ainsi la devise ne me paraissait pas dire, *tel menace,* mais *tel frappe qui ne tue pas.*

Tout le monde me regardait et se regardait sans

rien dire. On ne vit de la vie un pareil étonnement.
Mais ce qui me flatta davantage fut de voir claire-
ment sur le visage de Mlle de Breil un air de satisfaction. Cette personne si dédaigneuse daigna me
jeter un second regard qui valait tout au moins le
premier ; puis, tournant les yeux vers son grand-
papa, elle semblait attendre avec une sorte d'impa-
tience la louange qu'il me devait, et qu'il me donna
en effet si pleine et entière, et d'un air si content,
que toute la table s'empressa de faire chorus. Ce
moment fut court, mais délicieux à tous égards.
Ce fut un de ces moments trop rares qui repla-
cent les choses dans leur ordre naturel, et vengent
le mérite avili des outrages de la fortune.

Les Confessions, commencées en 1767, publiées en 1782.

A Annecy (1731). *Mesdemoiselles Galley et de Graffenried.*

Je m'étais insensiblement éloigné d'Annecy, la
chaleur augmentait, et je me promenais sous des
ombrages dans un vallon, le long d'un ruisseau. J'entends derrière moi des pas de chevaux et des voix
de filles qui semblaient embarrassées, mais qui n'en
riaient pas de moins bon cœur. Je me retourne ; on

m'appelle par mon nom; j'approche, je trouve deux
jeunes personnes de ma connaissance, Mlle de Graffenried et Mlle Galley, qui, n'étant pas d'excellentes
cavalières, ne savaient comment forcer leurs chevaux à passer le ruisseau. Mlle de Graffenried était
une jeune Bernoise fort aimable, qui, par quelque
folie de son âge, ayant été jetée hors de son pays,
avait imité Mme de Warens, chez qui je l'avais vue
quelquefois; mais, n'ayant pas eu une pension comme
elle, elle avait été trop heureuse de s'attacher à
Mlle Galley, qui, l'ayant prise en amitié, avait engagé sa mère à la lui donner pour compagne jus-
qu'à ce qu'on la pût placer de quelque façon. Mlle
Galley, d'un an plus jeune qu'elle, était encore plus
jolie; elle avait je ne sais quoi de plus délicat, de
plus fin; elle était en même temps très-mignonne et
très-formée, ce qui est pour une fille le plus beau
moment. Toutes deux s'aimaient tendrement, et
leur bon caractère à l'une et à l'autre ne pouvait
qu'entretenir longtemps cette union. Elles me dirent qu'elles allaient à Thônes, vieux château appar-
tenant à Mme Galley; elles implorèrent mon secours
pour faire passer leurs chevaux, n'en pouvant venir
à bout elles seules. Je voulus fouetter les chevaux;
mais elles craignaient pour moi les ruades et pour
elles les haut-le-corps. J'eus recours à un autre ex-
pédient; je pris par la bride le cheval de Mlle Galley,

puis, le tirant après moi, je traversai le ruisseau,
ayant de l'eau jusqu'à mi-jambe, et l'autre cheval
suivit sans difficulté. Cela fait, je voulus saluer ces
demoiselles et m'en aller comme un benêt: elles se
dirent quelques mots tout bas; et Mlle de Graffenried
s'adressant à moi: « Non pas, non pas, me dit-elle,
on ne nous échappe pas comme cela. Vous vous êtes
mouillé pour notre service, et nous devons en conscience avoir soin de vous sécher: il faut, s'il vous
plaît, venir avec nous; nous vous arrêtons prisonnier. » Le cœur me battait, je regardais Mlle Galley.
« Oui, oui, ajouta-t-elle en riant de ma mine effarée,
prisonnier de guerre, montez en croupe derrière elle;
nous voulons rendre compte de vous. — Mais, Mademoiselle, je n'ai point l'honneur d'être connu de
Mme votre mère: que dira-t-elle en me voyant arriver ? — Sa mère, reprit Mlle de Graffenried, n'est
pas à Thônes; nous sommes seules; nous revenons
ce soir, et vous reviendrez avec nous. »....

La gaîté du voyage et le babil de ces filles aigui-
sèrent tellement le mien que jusqu'au soir, et tant
que nous fûmes ensemble, nous ne déparlâmes pas
un moment. Elles m'avaient si bien mis à mon aise
que ma langue parlait autant que mes yeux, quoiqu'elle ne dît pas les mêmes choses. Quelques instants seulement, quand je me trouvais tête à tête
avec l'une ou l'autre, l'entretien s'embarrassait un

peu; mais l'absente revenait bien vite, et ne nous laissait pas le temps d'éclaircir cet embarras.

Arrivés à Thônes, et moi bien séché, nous déjeunâmes. Ensuite il fallut procéder à l'importante affaire de préparer le dîner. On avait envoyé des provisions de la ville, et il y avait de quoi faire un très-bon dîner, surtout en friandises: mais, malheureusement, on avait oublié du vin. Cet oubli n'était pas étonnant pour des filles qui n'en buvaient guère.....

Nous dînâmes dans la cuisine de la grangère, les deux amies assises sur des bancs aux deux côtés de la longue table, et leur hôte entre elles deux sur une escabelle à trois pieds. Quel dîner! quel souvenir plein de charmes! Comment, pouvant à si peu de frais goûter des plaisirs si purs et si vrais, vouloir en rechercher d'autres?

Après le dîner, nous fîmes une économie: au lieu de prendre le café qui nous restait du déjeuner, nous le gardâmes pour le goûter avec de la crème et des gâteaux qu'elles avaient apportés, et, pour tenir notre appétit en haleine, nous allâmes dans le verger achever notre dessert avec des cerises. Je montai sur l'arbre et je leur en jetai des bouquets dont elles me rendaient les noyaux à travers les branches.....

Enfin, elles se souvinrent qu'il ne fallait pas attendre la nuit pour rentrer en ville. Il ne nous restait que le temps qu'il fallait pour y arriver de jour, et nous nous hâtâmes de partir.

Je les quittai à peu près au même endroit où elles m'avaient pris. Avec quel regret nous nous séparâmes! Avec quel plaisir nous projetâmes de nous revoir!... Il me semblait, en les quittant, que je ne pourrais plus vivre sans l'une et sans l'autre. Qui m'eût dit que je ne les reverrai de ma vie?

Ibidem.

—

La nuit à la belle étoile au bord de la Saône
(1731).

C'était souffrir assurément que d'être réduit à passer la nuit dans la rue, et c'est ce qui m'est arrivé plusieurs fois à Lyon. J'aimais mieux employer quelques sous qui me restaient à payer mon pain que mon gîte, parce qu'après tout je risquais moins de mourir de sommeil que de faim. Ce qu'il y a d'étonnant, c'est que, dans ce cruel état, je n'étais ni inquiet ni triste. Je n'avais pas le moindre souci sur l'avenir, et j'attendais les réponses que devait recevoir Mlle du Châtelet, couchant à la belle étoile, et dormant étendu par terre ou sur un banc aussi tranquillement que sur un lit de roses. Je me souviens même d'avoir passé une nuit délicieuse hors de la ville, dans un chemin qui côtoyait le Rhône ou la Saône, car je ne me rappelle pas lequel des deux. Des jardins élevés en terrasse bordaient le chemin du côté opposé. Il avait fait très-chaud ce jour-là, la soirée était charmante; la rosée humectait l'herbe flétrie; point de vent, une nuit tranquille; l'air était frais sans être froid; le soleil, après son coucher, avait laissé dans le ciel des vapeurs rouges dont la réflexion rendait l'eau couleur de rose; les arbres des terrasses étaient chargés de rossignols qui se répondaient de l'un à l'autre. Je me promenais dans une sorte d'extase, livrant mes sens et mon cœur à la jouissance de tout cela, et soupirant seulement un peu du regret d'en jouir seul. Absorbé dans ma douce rêverie, je prolongeai fort avant dans la nuit ma promenade, sans m'apercevoir que j'étais las. Je m'en aperçus enfin. Je me couchai voluptueusement sur la tablette d'une espèce de niche ou de fausse porte enfoncée dans un mur de terrasse; le ciel de mon lit était formé par les têtes des arbres; un rossignol était précisément au-dessus de moi: je m'endormis à son chant; mon sommeil fut doux, mon réveil le fut davantage. Il était grand jour: mes yeux, en s'ouvrant, virent l'eau, la verdure, un paysage admirable. Je me levai, me secouai; la faim me prit: je m'acheminai gaiement vers la ville, résolu de mettre à un bon déjeuner deux pièces de six blancs qui me restaient encore. J'étais de si bonne humeur que j'allais chantant tout le long du chemin.

Ibidem.

—

La route de l'Echelle (1731).

J'aime à marcher à mon aise, et m'arrêter quand il me plaît. La vie ambulante est celle qu'il me faut. Faire route à pied par un beau temps, dans un beau pays, sans être pressé, et avoir pour terme de ma course un objet agréable; voilà de toutes les manières de vivre celle qui est le plus de mon goût. Au reste, on sait déjà ce que j'entends par un beau pays. Jamais pays de plaine, quelque beau qu'il fût, ne parut tel à mes yeux. Il me faut des torrents, des rochers, des sapins, des bois noirs, des montagnes, des chemins raboteux à monter et à descendre, des précipices à mes côtés qui me fassent bien peur. J'eus ce plaisir, et je le goûtai dans tout son charme en approchant de Chambéry. Non loin d'une montagne coupée qu'on appelle le Pas de l'Echelle, audessous du grand chemin taillé dans le roc, à l'endroit appelé Chailles, court et bouillonne dans des gouffres affreux une petite rivière qui paraît avoir mis à les creuser des milliers de siècles. On a bordé le chemin d'un parapet pour prévenir les malheurs: cela faisait que je pouvais contempler au fond et gagner des vertiges tout à mon aise, car ce qu'il y a de plaisant dans mon goût pour les lieux escarpés est qu'ils me font tourner la tête; et j'aime beaucoup ce tournoiement, pourvu que je sois en sûreté. Bien appuyé sur le parapet, j'avançais le nez, et je restais là des heures entières, entrevoyant de temps en temps cette écume et cette eau bleue dont j'entendais le mugissement à travers les cris des corbeaux et des oiseaux de proie qui volaient de roche en roche et de broussaille en broussaille, à cent toises au-dessous de moi. Dans les endroits où la pente était assez unie et la broussaille assez claire pour laisser passer des cailloux, j'en allais chercher au loin d'aussi gros que je les pouvais porter, je les rassemblais sur le parapet en pile; puis, les lançant l'un après l'autre, je me délectais à les voir rouler, bondir et voler en mille éclats avant que d'atteindre le fond du précipice.

Plus près de Chambéry, j'eus un spectacle semblable en sens contraire. Le chemin passe au pied de la plus belle cascade que je vis de mes jours. La montagne est tellement escarpée que l'eau se détache net et tombe en arcade assez loin pour qu'on puisse passer entre la cascade et la roche, quelquefois sans être mouillé : mais si l'on ne prend bien ses mesures, on y est aisément trompé, comme je le fus ; car, à cause de l'extrême hauteur, l'eau se divise et tombe en poussière, et, lorsqu'on approche un peu trop de ce nuage, sans apercevoir d'abord qu'on se mouille, à l'instant on est tout trempé.

Ibidem.

—

Aux Charmettes (1738-1740). *La pervenche.*

Rien de tout ce qui m'est arrivé durant cette époque chérie, rien de ce que j'ai fait, dit et pensé tout le temps qu'elle a duré, n'est échappé de ma mémoire. Les temps qui précèdent et qui suivent me reviennent par intervalles ; je me les rappelle inégalement et confusément : mais je me rappelle celui-là tout entier comme s'il durait encore. Mon imagination, qui, dans ma jeunesse, allait toujours en avant et maintenant rétrograde, compense par ces doux souvenirs l'espoir que j'ai pour jamais perdu. Je ne vois plus rien dans l'avenir qui me tente ; les seuls retours du passé peuvent me flatter, et ces retours si vifs et si vrais dans l'époque dont je parle me font souvent vivre heureux malgré mes malheurs.

Je donnerai de ces souvenirs un seul exemple, qui pourra faire juger de leur force et de leur vérité. Le premier jour que nous allâmes coucher aux Charmettes, Mme de Warens était en chaise à porteurs, et je la suivais à pied. Le chemin monte : elle était assez pesante, et, craignant de trop fatiguer ses porteurs, elle voulut descendre à peu près à moitié chemin pour faire le reste à pied. En marchant, elle vit quelque chose de bleu dans la haie, et me dit : « Voilà de la pervenche encore en fleur. » Je n'avais jamais vu de la pervenche, je ne me baissai pas pour l'examiner, et j'ai la vue trop courte pour distinguer à terre les plantes de ma hauteur. Je jetai seulement en passant un coup d'œil sur celle-là, et près de trente ans se sont passés sans que j'aie revu de la pervenche ou que j'y aie fait attention. En 1764, étant à Cressier avec mon ami M. du Peyrou, nous montions une petite montagne au sommet de laquelle il y a un joli salon qu'il appelle avec raison Bellevue. Je commençais alors d'herboriser un peu. En montant et regardant parmi les buissons, je pousse un cri de joie : *Ah! voilà de la pervenche!* et c'en était en effet. Du Peyrou s'aperçut du transport, mais il en ignorait la cause ; il l'apprendra, je l'espère, lorsqu'un jour il lira ceci. Le lecteur peut juger par l'impression d'un si petit objet de celle que m'ont faite tous ceux qui se rapportent à la même époque.

Ibidem.

—

Aux Charmettes. Prière du matin.

Je me levais tous les matins avant le soleil. Je montais par un verger voisin dans un très-joli chemin qui était au-dessus de la vigne et suivait la côte jusqu'à Chambéry. Là, tout en me promenant, je faisais ma prière, qui ne consistait pas en un vain balbutiement des lèvres, mais dans une sincère élévation de cœur à l'auteur de cette aimable nature dont les beautés étaient sous mes yeux. Je n'ai jamais aimé à prier dans la chambre ; il me semble que les murs et tous ces petits ouvrages des hommes s'interposent entre Dieu et moi. J'aime à le contempler dans ses œuvres tandis que mon cœur s'élève à lui. Mes prières étaient pures, je puis le dire, et dignes par là d'être exaucées. Je ne demandais qu'une vie innocente et tranquille, exempte du vice, de la douleur, des pénibles besoins, la mort des justes, et leur sort dans l'avenir. Du reste, cet acte se passait plus en admiration et en contemplation qu'en demandes; et je savais qu'auprès du dispensateur des vrais biens le meilleur moyen d'obtenir ceux qui nous sont nécessaires est **moins de les** demander que de les mériter.

Ibidem.

—

Aux Charmettes. Le planisphère.

J'avais acheté un planisphère céleste pour étudier les constellations. J'avais attaché ce planisphère sur un châssis; et, les nuits où le ciel était serein, j'allais dans le jardin poser mon châssis sur quatre piquets de ma hauteur, le planisphère tourné en dessous; et pour l'éclairer sans que le vent soufflât ma chandelle, je la mis dans un seau à terre entre les quatre piquets; puis, regardant alternativement le planisphère avec mes yeux et les astres avec ma lunette, je m'exerçais à connaître les étoiles et à discerner les constellations. Je crois avoir dit que le jardin de M. Noirey était en terrasse; on voyait du chemin tout ce qui s'y faisait. Un soir, des paysans passant assez tard me virent dans un grotesque équipage occupé à mon opération. La lueur qui donnait sur mon planisphère, et dont ils ne voyaient pas la cause parce que la lumière était cachée à leurs yeux par les bords du seau, ces quatre piquets, ce grand papier barbouillé de figures, ce cadre et le jeu de ma lunette, qu'ils voyaient aller et venir, donnaient à cet objet un air de grimoire qui les effraya. Ma parure n'était pas propre à les rassurer : un chapeau clabaud par-dessus mon bonnet, et un pet-en-l'air ouaté de Mme de Warens, qu'elle m'avait obligé de mettre, offraient à leurs yeux l'image d'un vrai sorcier; et, comme il était près de minuit, ils ne doutèrent point que ce ne fût le commencement du sabbat. Peu curieux d'en voir davantage, ils se sauvèrent très-alarmés, éveillèrent leurs voisins pour leur conter leur vision, et l'histoire courut si bien que, dès le lendemain, chacun sut dans le voisinage que le sabbat se tenait chez M. Noirey. Je ne sais ce qu'eût produit enfin cette rumeur, si l'un des paysans, témoin de mes conjurations, n'en eût le même jour porté sa plainte à deux jésuites qui venaient nous voir, et qui, sans savoir de quoi il s'agissait, les désabusèrent par provision. Ils nous contèrent l'histoire; je leur en dis la cause, et nous rîmes beaucoup. Cependant il fut résolu, crainte de récidive, que j'observerais désormais sans lumière, et que j'irais consulter le planisphère dans la maison.

Ibidem.

Aux Charmettes. Singulier pronostic de salut.

Je voudrais savoir s'il passe quelquefois dans les cœurs des autres hommes des puérilités pareilles à celles qui passent quelquefois dans le mien. Au milieu de mes études et d'une vie innocente autant qu'on la puisse mener, et malgré tout ce qu'on m'avait pu dire, la peur de l'enfer m'agitait encore souvent. Je me demandais : « En quel état suis-je? si je mourrais à l'instant même, serais-je damné? » Selon mes jansénistes, la chose était indubitable, mais selon ma conscience, il me paraissait que non. Toujours craintif, et flottant dans cette cruelle incertitude, j'avais recours, pour en sortir, aux expédients les plus risibles, et pour lesquels je ferais volontiers enfermer un homme si je lui en voyais faire autant. Un jour, rêvant à ce triste sujet, je m'exerçais machinalement à lancer des pierres contre les troncs des arbres, et cela avec mon adresse ordinaire, c'est-à-dire sans presque en toucher aucun. Tout au milieu de ce bel exercice, je m'avisai de m'en faire une espèce de pronostic pour calmer mon inquiétude. Je me dis : « Je m'en vais jeter cette pierre contre l'arbre qui est vis-à-vis de moi : si je le touche, signe de salut; si je le manque, signe de damnation. » Tout en disant ainsi, je jette ma

pierre d'une main tremblante et avec un horrible
battement de cœur, mais si heureusement qu'elle
va frapper au beau milieu de l'arbre; ce qui véritablement n'était pas difficile, car j'avais eu soin de
le choisir fort gros et fort près. Depuis lors, je n'ai
plus douté de mon salut. Je ne sais, en me rappelant ce trait, si je dois rire ou gémir sur moi-même.
Vous autres grands hommes, qui riez sûrement,
félicitez-vous ; mais n'insultez pas à ma misère, car
je vous jure que je la sens bien.

Ibidem.

A *Gênes* (1743). *En quarantaine.*

C'était le temps de la peste de Messine. Cela nous
assujettit en arrivant à Gênes, après une longue et
pénible traversée, à une quarantaine de vingt et un
jours. On donna le choix aux passagers de la faire
à bord ou au lazaret, dans lequel on nous prévint
que nous ne trouverions que les quatre murs, parce
qu'on n'avait pas encore eu le temps de le meubler.
Tous choisirent la felouque. L'insupportable chaleur,
l'espace étroit, l'impossibilité d'y marcher, me firent
préférer le lazaret, à tout risque. Je fus conduit
dans un grand bâtiment à deux étages absolument

nu, où je ne trouvai ni fenêtre, ni table, ni lit, ni chaise, pas même un escabeau pour m'asseoir, ni une botte de paille pour me coucher. On m'apporta mon manteau, mon sac de nuit, mes deux malles ; on ferma sur moi de grosses portes à grosses serrures, et je restai là, maître de me promener à mon aise de chambre en chambre et d'étage en étage, trouvant partout la même solitude et la même nudité.

Tout cela ne me fit pas repentir d'avoir choisi le lazaret plutôt que la felouque ; et, comme un nouveau Robinson, je me mis à m'arranger pour mes vingt et un jours comme j'aurais fait pour toute ma vie. Je procédai à l'ameublement de la chambre que je m'étais choisie. Je me fis un bon matelas de mes vestes et de mes chemises, des draps de plusieurs serviettes que je cousis, une couverture de ma robe de chambre, un oreiller de mon manteau roulé. Je me fis un siége d'une malle posée à plat et une table de l'autre posée de champ. Je tirai du papier, une écritoire ; j'arrangeai en manière de bibliothèque une douzaine de livres que j'avais. Bref, je m'accommodai si bien, qu'à l'exception des rideaux et des fenêtres, j'étais presque aussi commodément à ce lazaret absolument nu qu'à mon jeu de paume de la rue Verdelet. Mes repas étaient servis avec beaucoup de pompe ; deux grenadiers, la baïonnette au

bout du fusil, les escortaient; l'escalier était ma salle
à manger, le palier me servait de table, la marche
inférieure me servait de siége, et quand mon dîner
était servi, l'on sonnait, en se retirant, une clochette
pour m'avertir de me mettre à table. Entre mes
repas, quand je ne lisais ni n'écrivais, ou que je ne
travaillais pas à mon ameublement, j'allais me promener dans le cimetière des protestants qui me servait de cour, ou je montais dans une lanterne qui
donnait sur le port et d'où je pouvais voir entrer et
sortir les navires. Je passai de la sorte quatorze
jours, et j'y aurais passé la vingtaine entière sans
m'ennuyer un moment, si M. de Jonville, envoyé
de France, à qui je fis parvenir une lettre vinaigrée,
parfumée et demi-brûlée, n'eût fait abréger mon
temps de huit jours : je les allai passer chez lui, et
je me trouvai mieux, je l'avoue, du gîte de sa maison que de celui du lazaret.....

Je poursuivis agréablement ma route à travers
la Lombardie. Je vis Milan, Vérone, Brescia, Pa-
doue, et j'arrivai enfin à Venise, impatiemment
attendu par M. l'ambassadeur.

Ibidem.

—

A Venise (1743). *L'opéra et les vêpres.*

J'avais apporté de Paris le préjugé qu'on a dans ce pays-là contre la musique italienne ; mais j'avais aussi reçu de la nature cette sensibilité de tact contre laquelle les préjugés ne tiennent pas. J'eus bientôt pour cette musique la passion qu'elle inspire à ceux qui sont faits pour en juger. En écoutant des barcarolles, je trouvais que je n'avais pas ouï chanter jusqu'alors ; et bientôt je m'engouai tellement de l'opéra, qu'ennuyé de babiller, manger et jouer dans les loges, quand je n'aurais voulu qu'écouter, je me dérobais souvent à la compagnie pour aller d'un autre côté. Là, tout seul, enfermé dans ma loge, je me livrais, malgré la longueur du spectacle, au plaisir d'en jouir à mon aise et jusqu'à la fin. Un jour, au théâtre de Saint-Chrysostome, je m'endormis, et bien plus profondément que je n'aurais fait dans mon lit. Les airs bruyants et brillants ne me réveillèrent point ; mais qui pourrait exprimer la sensation délicieuse que me firent la douce harmonie et les chants angéliques de celui qui me réveilla ? Quel réveil, quel ravissement, quelle extase quand j'ouvris au même instant les oreilles et les yeux ! Ma première idée fut de me croire en paradis. Ce morceau ravissant, que je me rappelle en-

core et que je n'oublierai de ma vie, commençait
ainsi :

> Conservami la bella,
> Che si m'accende il cuor.

Je voulus avoir ce morceau : je l'eus, et je l'ai
gardé longtemps; mais il n'était pas sur mon papier
comme dans ma mémoire. C'était bien la même
note, mais ce n'était pas la même chose. Jamais cet
air divin ne peut être exécuté que dans ma tête,
comme il le fut en effet le jour qu'il me réveilla.

Une musique à mon gré bien supérieure à celle
des opéras, et qui n'a pas sa semblable en Italie ni
dans le reste du monde, est celle des *scuole*. Les
scuole sont des maisons de charité établies pour
donner l'éducation à de jeunes filles sans bien, et
que la république dote ensuite, soit pour le mariage,
soit pour le cloître. Parmi les talents qu'on cultive
dans ces jeunes filles, la musique est au premier
rang. Tous les dimanches, à l'église de chacune de
ces quatre *scuole*, on a durant les vêpres des motets
à grand chœur et en grand orchestre, composés et
dirigés par les plus grands maîtres de l'Italie, exécutés dans des tribunes grillées, uniquement par des
filles dont la plus vieille n'a pas vingt ans. Je n'ai
l'idée de rien d'aussi voluptueux, d'aussi touchant
que cette musique : les richesses de l'art, le goût

exquis des chants, la beauté des voix, la justesse de l'exécution, tout dans ces délicieux concerts concourt à produire une impression qui n'est assurément pas du bon costume, mais dont je doute qu'aucun cœur d'homme soit à l'abri. Jamais Carrio ni moi ne manquions ces vêpres aux *Mendicanti*, et nous n'étions pas les seuls. L'église était toujours pleine d'amateurs ; les acteurs mêmes de l'Opéra venaient se former au vrai goût du chant sur ces excellents modèles. Ce qui me désolait était ces maudites grilles, qui ne laissaient passer que des sons et me cachaient les anges de beauté dont ils étaient dignes. Je ne parlais d'autre chose. Un jour que j'en parlais chez M. Le Blond : « Si vous êtes si curieux, me dit-il, de voir ces petites filles, il est aisé de vous contenter. Je suis un des administrateurs de la maison ; je veux vous y donner à goûter avec elles. » Je ne le laissai pas en repos qu'il ne m'eût tenu parole. En entrant dans le salon qui renfermait ces beautés si convoitées, je sentis un frémissement d'amour que je n'avais jamais éprouvé. M. Le Blond me présenta l'une après l'autre ces chanteuses célèbres, dont la voix et le nom étaient tout ce qui m'était connu. « Venez, Sophie... » Elle était horrible. « Venez, Cattina... » Elle était borgne. « Venez, Bettina... » La petite vérole l'avait défigurée. Presque pas une n'était sans quelque

notable défaut. Le bourreau riait de ma cruelle surprise. Deux ou trois cependant me parurent pas-
sables : elles ne chantaient que dans les chœurs.
J'étais désolé. Durant le goûter, on les agaça ; elles
s'égayèrent. La laideur n'exclut pas les grâces ; je
leur en trouvai. Je me disais : « On ne chante pas
ainsi sans âme; elles en ont. » Enfin, ma façon de
les voir changea si bien que je sortis presque amou-
reux de toutes ces laiderons. J'osais à peine retourner à leurs vêpres. J'eus de quoi me rassurer. Je
continuai de trouver leurs chants délicieux, et leurs
voix fardaient si bien leurs visages, que tant qu'elles
chantaient je m'obstinais, en dépit de mes yeux, à
les trouver belles.

Ibidem.

—

L'Ermitage (1756).

M. d'Epinay, voulant ajouter une aile qui manquait au château de la Chevrette, faisait une dépense
immense pour l'achever. Etant allé voir un jour,
avec Mme d'Epinay, ces ouvrages, nous poussâmes
notre promenade un quart de lieue plus loin, jusqu'au réservoir des eaux du parc, qui touchait la
forêt de Montmorency, et où était un joli potager,
avec une petite loge fort délabrée, qu'on appelait

l'Ermitage. Ce lieu solitaire et très-agréable m'avait frappé, quand je le vis pour la première fois, avant mon voyage à Genève. Il m'était échappé de dire dans mon transport : « Ah! Madame, quelle habitation délicieuse! Voilà un asile tout fait pour moi. » Mme d'Epinay ne releva pas beaucoup mon discours; mais, à ce second voyage, je fus tout surpris de trouver, au lieu de la vieille masure, une petite maison presque entièrement neuve, fort bien distribuée, et très-logeable pour un petit ménage. Mme d'Epinay avait fait faire cet ouvrage en silence et à très-peu de frais, en détachant quelques matériaux et quelques ouvriers de ceux du château. Au second voyage, elle me dit, en voyant ma surprise : « Mon ours, voilà votre asile ; c'est vous qui l'avez choisi, c'est l'amitié qui vous l'offre ; j'espère qu'elle vous ôtera la cruelle idée de vous éloigner de moi. » Je ne crois pas avoir été de mes jours plus vivement, plus délicieusement ému : je mouillai de pleurs la main bienfaisante de mon amie; et si je ne fus pas vaincu dès cet instant même, je fus extrêmement ébranlé. Mme d'Epinay, qui ne voulait pas en avoir le démenti, devint si pressante, employa tant de moyens, tant de gens pour me circonvenir, qu'enfin elle triompha de mes résolutions. Renonçant au séjour de ma patrie, je résolus, je promis d'habiter l'Ermitage.....

Ce fut le 9 avril 1756 que je quittai la ville. Mme d'Epinay vint nous prendre dans son carrosse; son fermier vint charger mon petit bagage, et je fus installé dès le même jour. Je trouvai ma petite retraite arrangée et meublée simplement, mais proprement et même avec goût. La main qui avait donné ses soins à cet ameublement le rendait à mes yeux d'un prix inestimable, et je trouvais délicieux d'être l'hôte de mon amie, dans une maison de mon choix, qu'elle avait bâtie exprès pour moi.

Quoiqu'il fît froid et qu'il y eût même encore de la neige, la terre commençait à végéter; on voyait des violettes et des primevères; les bourgeons des arbres commençaient à poindre, et la nuit même de mon arrivée fut marquée par le premier chant du rossignol, qui se fit entendre presque à ma fenêtre, dans un bois qui touchait la maison. Après un léger sommeil, oubliant à mon réveil ma transplantation, je me croyais encore dans la rue de Grenelle, quand tout à coup ce ramage me fit tressaillir, et je m'écriai dans mon transport : « Enfin tous mes vœux sont accomplis! » Mon premier soin fut de me livrer à l'impression des objets champêtres dont j'étais entouré. Au lieu de commencer à m'arranger dans mon logement, je commençai par m'arranger pour mes promenades, et il n'y eut pas un sentier, pas un taillis, pas un bosquet, pas un réduit autour de

ma demeure que je n'eusse parcouru dès le lendemain. Plus j'examinais cette charmante retraite,
plus je la sentais faite pour moi. Ce lieu solitaire
plutôt que sauvage me transportait en idée au bout
du monde. Il avait de ces beautés touchantes qu'on
ne trouve guère auprès des villes; et jamais, en s'y
trouvant transporté tout d'un coup, on n'eût pu se
croire à quatre lieues de Paris.

Après quelques jours livrés à mon délire champêtre, je songeai à ranger mes paperasses et à régler
mes occupations. Je destinai, comme j'avais toujours fait, mes matinées à la copie, et mes après-
dînées à la promenade, muni de mon petit livret
blanc et de mon crayon : car n'ayant jamais pu
écrire et penser à mon aise que *sub dio*, je n'étais
pas tenté de changer de méthode, et je comptais
bien que la forêt de Montmorency, qui était presque à ma porte, serait désormais mon cabinet de
travail.

Ibidem.

Portrait de Grimm.

Il ne me traitait pas précisément comme son
inférieur ; il me regardait comme nul. J'avais
peine à reconnaître là l'ancien cuistre qui, chez le
prince de Saxe-Gotha, se tenait honoré de mes

regards. J'en avais encore plus à concilier ce profond silence et cette morgue insultante, avec la tendre amitié qu'il se vantait d'avoir pour moi, près de tous ceux qu'il savait en avoir eux-mêmes. Il est vrai qu'il ne la témoignait guère que pour me plaindre de ma fortune, dont je ne me plaignais point, pour compatir à mon triste sort, dont j'étais content, et pour se lamenter de me voir me refuser durement aux soins bienfaisants qu'il disait vouloir me rendre. C'était avec cet art qu'il faisait admirer sa tendre générosité, blâmer mon ingrate misanthropie, et qu'il accoutumait insensiblement tout le monde à n'imaginer, entre un protecteur tel que lui et un malheureux tel que moi, que des liaisons de bienfaits d'une part, et d'obligations de l'autre, sans y supposer, même dans les possibles, une amitié d'égal à égal. Pour moi, j'ai cherché vainement en quoi je pouvais être obligé à ce nouveau patron. Je lui avais prêté de l'argent, il ne m'en prêta jamais ; je l'avais gardé dans sa maladie, à peine me venait-il voir dans les miennes ; je lui avais donné tous mes amis, il ne m'en donna jamais aucun des siens ; je l'avais prôné de tout mon pouvoir, et lui, s'il m'a prôné, c'est moins publiquement, et c'est d'une autre manière. Jamais il ne m'a rendu ni même offert aucun service d'aucune espèce. Comment était-il donc mon Mécène ? Comment étais-je son protégé ? Cela me passait, et me passe encore.

Il est vrai que, du plus au moins, il était arrogant avec tout le monde, mais avec personne aussi brutalement qu'avec moi. Je me souviens qu'une fois Saint-Lambert faillit à lui jeter son assiette à la tête, sur une espèce de démenti qu'il lui donna en pleine table en lui disant grossièrement : *Cela n'est pas vrai*. A son ton naturellement tranchant, il ajouta la suffisance d'un parvenu, et devint même ridicule à force d'être impertinent. Le commerce des grands l'avait séduit au point de se donner à lui-même des airs qu'on ne voit qu'aux moins sensés d'entre eux. Il n'appelait jamais son laquais que par *eh !* comme si, sur le nombre de ses gens, monseigneur n'eût pas su lequel était de garde. Quand il lui donnait des commissions, il lui jetait l'argent par terre, au lieu de le lui donner dans la main. Enfin, oubliant tout à fait qu'il était homme, il le traitait avec un mépris si choquant, avec un dédain si dur en toute chose, que ce pauvre garçon, qui était un fort bon sujet que Mme d'Epinay lui avait donné, quitta son service sans autre grief que l'impossibilité d'endurer de pareils traitements : c'était le La Fleur de ce nouveau Glorieux.

Aussi fat qu'il était vain, avec ses gros yeux troubles et sa figure dégingandée, il avait des prétentions près des femmes ; et il passait auprès de plusieurs d'entre elles pour un homme à grands sentiments. Cela l'avait mis à la mode, et lui avait donné du goût pour la propreté de femme : il se mit à faire le beau ; sa toilette devint une grande affaire ; tout le monde sut qu'il mettait du blanc, et moi, qui n'en croyais rien, je commençai de le croire, non-seulement par l'embellissement de son teint, et pour avoir trouvé des tasses de blanc sur sa toilette, mais sur ce qu'entrant un matin dans sa chambre, je le trouvai brossant ses ongles avec une petite vergette faite exprès ; ouvrage qu'il continua fièrement devant moi. Je jugeai qu'un homme qui passe deux heures tous les matins à se brosser ses ongles peut bien passer quelques instants à remplir de blanc les creux de sa peau. Le bon homme Gauffecourt, qui n'était pas sac à diable, l'avait assez plaisamment surnommé *Tyran le Blanc*.

Tout cela n'était que des ridicules, mais bien antipathiques à mon caractère. Ils achevèrent de me rendre suspect le sien. J'eus peine à croire qu'un homme à qui la tête tournait de cette façon pût conserver un cœur bien placé. Il ne se piquait de rien tant que de sensibilité d'âme et d'énergie de sentiments. Comment cela s'accordait-il avec des défauts qui sont propres aux petites âmes ? Comment les vifs et continuels élans que fait hors de lui-même un cœur sensible peuvent-ils le laisser s'occuper sans cesse de tant de petits soins pour sa petite personne ? Eh, mon Dieu ! celui qui sent embraser son cœur de ce feu céleste cherche à l'exhaler, et veut montrer le dedans ; il voudrait mettre son cœur sur son visage ; il n'imaginera jamais d'autre fard.....

Je me rappelai les fréquents avis qu'on m'avait donnés, il y avait plusieurs années, que cet homme était faux, qu'il jouait le sentiment, et surtout qu'il ne m'aimait pas. Je me souvins de plusieurs petites anecdotes que m'avaient là-dessus racontées M. de Francueil et Mme de Chenonceaux..... Tout Paris fut instruit de son désespoir après la mort du comte de Frièse. Il fallut l'entraîner à l'hôtel de Castries, où il joua dignement son rôle, livré à la plus mortelle affliction. Là, tous les matins, il allait dans le jardin pleurer à son aise, tenant sur ses yeux son mouchoir baigné de larmes, tant qu'il était en vue de l'hôtel; mais, au détour d'une certaine allée, des gens auxquels il ne songeait pas le virent mettre à l'instant le mouchoir dans sa poche, et tirer un livre. Cette observation, qu'on répéta, fut bientôt publique dans tout Paris et presque aussitôt oubliée. Je l'avais oubliée moi-même : un fait qui me regardait servit à me la rappeler. J'étais à l'extrémité dans mon lit, rue de Grenelle : il était à la campagne, il vint un

matin me voir tout essoufflé, disant qu'il venait
d'arriver à l'instant même; je sus un moment après
qu'il était arrivé de la veille, et qu'on l'avait vu au
spectacle le même jour.

Ibidem.

Les pourboires aux laquais.

Je sentais plus que jamais, et par une constante
expérience, que toute association inégale est toujours désavantageuse au parti faible. Vivant avec
des gens opulents, et d'un autre état que celui que
j'avais choisi, sans tenir maison comme eux, j'étais
obligé de les imiter en bien des choses; et de menues
dépenses, qui n'étaient rien pour eux, étaient pour
moi non moins ruineuses qu'indispensables. Qu'un
autre homme aille dans une maison de campagne,
il est servi par son laquais, tant à table que dans sa
chambre : il l'envoie chercher tout ce dont il a besoin; n'ayant rien à faire directement avec les gens
de la maison, ne les voyant même pas, il ne leur
donne des étrennes que quand et comme il lui plaît:
mais moi, seul, sans domestique, j'étais à la merci
de ceux de la maison, dont il fallait nécessairement
capter les bonnes grâces, pour n'avoir pas beaucoup

à souffrir; et, traité comme l'égal de leur maître, il
en fallait aussi traiter les gens comme tels, et même
faire pour eux plus qu'un autre, parce qu'en effet
j'en avais bien plus besoin. Passe encore quand il y
a peu de domestiques ; mais dans les maisons où
j'allais, il y en avait beaucoup, tous très-rogues,
très-fripons, très-alertes, j'entends pour leur intérêt; et les coquins savaient faire en sorte que j'avais
successivement besoin de tous. Les femmes de
Paris, qui ont tant d'esprit, n'ont aucune idée juste
sur cet article; et, à force de vouloir économiser ma
bourse, elles me ruinaient. Si je soupais en ville un
peu loin de chez moi, au lieu de souffrir que j'en-
voyasse chercher un fiacre, la dame de la maison
faisait mettre des chevaux pour me ramener; et elle
était fort aise de m'épargner les vingt-quatre sous
du fiacre ; quant à l'écu que je donnais au laquais
et au cocher, elle n'y songeait pas. Une femme
m'écrivait-elle de Paris à l'Ermitage, ou à Montmorency; ayant regret aux quatre sous de port que
sa lettre m'aurait coûté, elle me l'envoyait par un
de ses gens, qui arrivait à pied tout en nage, et à
qui je donnais à dîner, et un écu qu'il avait assurément bien gagné. Me proposait-elle d'aller passer
huit ou quinze jours avec elle à sa campagne, elle se
disait en elle-même : « Ce sera une économie pour
ce pauvre garçon ; pendant ce temps-là, sa nourri-

ture ne lui coûtera rien. » Elle ne songeait pas qu'aussi, durant ce temps-là, je ne travaillais point; que mon ménage, et mon loyer, et mon linge, et mes habits, n'en allaient pas moins ; que je payais mon barbier à double et qu'il ne laissait pas de m'en coûter chez elle plus qu'il ne m'en aurait coûté chez moi. Quoique je bornasse mes petites largesses aux seules maisons où je vivais d'habitude, elles ne laissaient pas de m'être ruineuses. Je puis assurer que j'ai bien versé vingt-cinq écus chez Mme d'Houdetot à Eaubonne, où je n'ai couché que quatre ou cinq fois, et plus de cent pistoles tant à Epinay qu'à la Chevrette, pendant les cinq ou six ans que j'y fus le plus assidu. Ces dépenses sont inévitables pour un homme de mon humeur, qui ne sait se pourvoir de rien, ni s'ingénier sur rien, ni supporter l'aspect d'un valet qui grogne et qui vous sert en rechignant. Chez Mme Dupin même, où j'étais de la maison, et où je rendais mille services aux domestiques, je n'ai jamais reçu les leurs qu'à la pointe de mon argent. Dans la suite, il a fallu renoncer tout à fait à ces petites libéralités que ma situation ne m'a plus permis de faire; et c'est alors qu'on m'a fait sentir bien plus durement encore l'inconvénient de fréquenter des gens d'un autre état que le sien.

Ibidem.

———

À Montmorency (1758). Chez M. de Luxembourg.

Le parc ou jardin de Montmorency n'est pas en plaine, comme celui de la Chevrette. Il est inégal, montueux, mêlé de collines et d'enfoncements, dont l'habile artiste a tiré parti pour varier les bosquets, les ornements, les eaux, les points de vue, et multiplier pour ainsi dire, à force d'art et de génie, un espace en lui-même assez resserré. Ce parc est couronné dans le haut par la terrasse et le château ; dans le bas, il forme une gorge qui s'ouvre et s'élargit vers la vallée, et dont l'angle est rempli par une grande pièce d'eau. Entre l'orangerie, qui occupe cet élargissement, et cette pièce d'eau entourée de coteaux bien décorés de bosquets et d'arbres, est le petit château dont j'ai parlé. Cet édifice et le terrain qui l'entoure appartenait jadis au célèbre Le Brun, qui se plut à le bâtir et le décorer avec ce goût exquis d'ornement et d'architecture dont ce grand peintre s'était nourri. Ce château depuis lors a été rebâti, mais toujours sur le dessin du premier maître. Il est petit, simple, mais élégant. Comme il est dans un fond, entre le bassin de l'orangerie et la grande pièce d'eau, par conséquent sujet à l'humidité, on l'a percé dans son milieu d'un péristyle à jour entre deux étages de colonnes, par lequel l'air jouant dans tout l'édifice le maintient sec malgré sa situation. Quand on regarde ce bâtiment de la hauteur opposée qui lui fait perspective, il paraît absolument environné d'eau, et l'on croit voir une île enchantée, ou la plus jolie des trois îles Borromées, appelée *Isola bella*, dans le lac Majeur.

Ce fut dans cet édifice solitaire qu'on me donna le choix d'un des quatre appartements complets qu'il contient, outre le rez-de-chaussée, composé d'une salle de bal, d'une salle de billard et d'une cuisine. Je pris le plus petit et le plus simple au-dessus de la cuisine, que j'eus aussi. Il était d'une propreté charmante, l'ameublement en était blanc et bleu. C'est dans cette profonde et délicieuse solitude qu'au milieu des bois et des eaux, aux concerts des oiseaux de toute espèce, au parfum de la fleur d'orange, je composai dans une continuelle extase le cinquième livre de l'*Emile*, dont je dus en grande partie le coloris assez frais à la vive impression du local où je l'écrivais.

Ibidem.

La partie d'échecs et le gibier du prince de Conti.

Au milieu de toutes ces petites tracasseries littéraires, je reçus le plus grand honneur que les lettres

m'aient attiré, et auquel j'ai été le plus sensible,
dans la visite que M. le prince de Conti daigna me
faire par deux fois, l'une au petit château, et l'autre
à Mont-Louis. Il choisit même toutes les deux fois
le temps que Mme de Luxembourg n'était pas à
Montmorency, afin de rendre plus manifeste qu'il
n'y venait que pour moi. Je n'ai jamais douté que
je ne dusse les premières bontés de ce prince à
Mme de Luxembourg et à Mme de Boufflers ; mais
je ne doute pas non plus que je ne doive à ses pro-
pres sentiments et à moi-même celles dont il n'a
cessé de m'honorer depuis lors.

Comme mon appartement de Mont-Louis était
très-petit, et que la situation du donjon était charmante, j'y conduisis le prince, qui, pour comble de
grâces, voulut que j'eusse l'honneur de faire sa partie aux échecs. Je savais qu'il gagnait le chevalier
de Lorenzy, qui était plus fort que moi. Cependant,
malgré les signes et les grimaces du chevalier et
des assistants, que je ne fis pas semblant de voir, je
gagnai les deux parties que nous jouâmes. En finissant, je lui dis d'un ton respectueux, mais grave :
« Monseigneur, j'honore trop Votre Altesse Séré-
nissime pour ne la pas gagner toujours aux échecs. »
Ce grand prince, plein d'esprit et de lumières, et si
digne de n'être pas adulé, sentit en effet, du moins

je le pense, qu'il n'y avait là que moi qui le traitasse en homme, et j'ai tout lieu de croire qu'il m'en a vraiment su bon gré.

Quand il m'en aurait su mauvais gré, je ne me reprocherai pas de n'avoir voulu le tromper en rien, et je n'ai pas assurément à me reprocher non plus d'avoir mal répondu dans mon cœur à ses bontés, mais bien d'y avoir répondu quelquefois de mauvaise grâce, tandis qu'il mettait lui-même une grâce infinie dans la manière de me les marquer. Peu de jours après, il me fit envoyer un panier de gibier, que je reçus comme je devais. A quelque temps de là, il m'en fit envoyer un autre ; et l'un de ses officiers des chasses écrivit par ses ordres que c'était de la chasse de Son Altesse et du gibier tiré de sa propre main. Je le reçus encore ; mais j'écrivis à Mme de Boufflers que je n'en recevrais plus. Cette lettre fut généralement blâmée, et méritait de l'être. Refuser des présents en gibier, d'un prince du sang, qui de plus met tant d'honnêteté dans l'envoi, est moins la délicatesse d'un homme fier qui veut conserver son indépendance que la rusticité d'un malappris qui se méconnaît. Je n'ai jamais relu cette lettre dans mon recueil sans en rougir, et sans me reprocher de l'avoir écrite. Mais enfin je n'ai pas entrepris mes *Confessions* pour taire mes sottises, et celle-là me révolte trop moi-même pour qu'il me soit permis de la dissimuler.

Ibidem.

—

Regrets de J.-J. Rousseau.

Vous plaignez mes anciens compatriotes de n'avoir pas pris ma défense quand on assassinait pour ainsi dire mon âme... A l'heure qu'il est, je suis plus à plaindre qu'eux... Je pleure quand je pense que je n'ai plus ni parents, ni amis, ni patrie libre et florissante.

O lac, sur les bords duquel j'ai passé les douces heures de mon enfance ! charmant paysage, où j'ai vu pour la première fois le majestueux et touchant lever du soleil, où j'ai senti les premières émotions du cœur, les premiers élans d'un génie devenu depuis trop impérieux et trop célèbre, hélas, je ne vous verrai plus? Ces clochers qui s'élèvent au milieu des chênes et des sapins, ces troupeaux bêlants, ces ateliers, ces fabriques bizarrement épars sur des torrents, dans des précipices, au haut des rochers ; ces arbres vénérables, ces sources, ces prairies, ces montagnes qui m'ont vu naître, elles ne me reverront plus.

Lettre au prince Béloselski, 1775.

—

Du naturel de Jean-Jacques.

De tous les hommes que j'ai connus, celui dont le caractère dérive le plus pleinement de son seul tempérament est Jean-Jacques. Il est ce que l'a fait la nature : l'éducation ne l'a que bien peu modifié. Si, dès sa naissance, ses facultés et ses forces s'étaient tout à coup développées, dès lors on l'eût trouvé tel à peu près qu'il fut dans son âge mûr ; et maintenant, après soixante ans de peines et de misères, le temps, l'adversité, les hommes, l'ont encore très-peu changé. Tandis que son corps vieillit et se casse, son cœur reste jeune toujours ; il garde encore les mêmes goûts, les mêmes passions de son jeune âge, et jusqu'à la fin de sa vie il ne cessera d'être un vieux enfant.....

Je l'ai vu se passionner, et souvent jusqu'aux larmes, pour les choses bonnes et belles dont il était frappé dans les merveilles de la nature, dans les œuvres des hommes, dans les vertus, dans les talents, dans les beaux-arts, et généralement dans tout ce qui porte un caractère de force, de grâce, ou de vérité, digne d'émouvoir une âme sensible. Mais surtout ce que je n'ai vu qu'en lui seul au monde, c'est un égal attachement pour les productions de ses plus cruels ennemis, et même pour celles qui déposaient contre ses propres idées, lorsqu'il y trouvait des beautés faites pour toucher son cœur, les goûtant avec le même plaisir, les louant avec le même zèle que si son amour-propre n'en eût point reçu d'atteinte, que si l'auteur eût été son meilleur ami, et s'indignant avec le même feu des cabales faites pour leur ôter, avec les suffrages du public, le prix qui leur était dû. Son grand malheur est que tout cela n'est jamais réglé par la prudence, et qu'il se livre impétueusement au mouvement dont il est agité, sans en prévoir l'effet et les suites, ou sans s'en soucier. S'animer modérément n'est pas une chose en sa puissance; il faut qu'il soit de flamme ou de glace: quand il est tiède, il est nul.

Enfin j'ai remarqué que l'activité de son âme durait peu, qu'elle était courte à proportion qu'elle était vive, que l'ardeur de ses passions les consumait, les dévorait elles-mêmes, et qu'après de fortes et rapides explosions elles s'anéantissaient aussitôt, et le laissaient retomber dans ce premier engourdissement qui le livre au seul empire de l'habitude, et me paraît être son état permanent et naturel.

Notre homme ne sera pas vertueux, parce qu'il sera faible, et que la vertu n'appartient qu'aux âmes fortes. Mais cette vertu à laquelle il ne peut atteindre, qui est-ce qui l'admirera, la chérira, l'adorera plus que lui? qui est-ce qui, avec une imagination plus vive, s'en peindra mieux le divin simulacre? qui est-ce qui, avec un cœur plus tendre, s'enivrera plus d'amour pour elle? Ordre, harmonie, beauté, perfection, sont les objets de ses plus douces méditations. Idolâtre du beau dans tous les genres, resterait-il froid uniquement pour la suprême beauté? Non ; elle ornera de ses charmes immortels toutes ces images chéries qui remplissent son âme, qui repaissent son cœur. Tous ses premiers mouvements seront vifs et purs ; les seconds auront sur lui peu d'empire. Il voudra toujours ce qui est bien, il le fera quelquefois ; et, si souvent il laisse éteindre sa volonté par sa faiblesse, ce sera pour retomber dans sa langueur. Il cessera de bien faire, il ne commencera pas même lorsque la grandeur de l'effort épouvantera sa paresse ; mais jamais il ne fera volontairement ce qui est mal. En un mot, s'il agit rarement comme il doit, plus rarement encore il agira comme il ne doit pas, et toutes ses fautes, même les plus graves, ne seront que des péchés d'omission : mais c'est par là précisément qu'il sera le plus en scandale aux hommes, qui, ayant mis toute la morale en petites formules, comptent pour rien le mal dont on s'abstient, pour tout l'étiquette des petits procédés, et sont bien plus attentifs à remarquer les devoirs auxquels on manque qu'à tenir compte de ceux qu'on remplit.

Tel sera l'homme doué du tempérament dont j'ai parlé, tel j'ai trouvé celui que je viens d'étudier. Son âme, forte en ce qu'elle ne se laisse point détourner de son objet, mais faible pour surmonter les obstacles, ne prend guère de mauvaises directions, mais suit lâchement la bonne. Quand il est quelque chose, il est bon, mais plus souvent il est nul : et c'est pour cela même que, sans être persévérant, il est ferme; que les traits de l'adversité ont moins de prise sur lui qu'ils n'auraient sur tout autre homme; et que, malgré tous ses malheurs, ses sentiments sont encore plus affectueux que douloureux. Son cœur, avide de bonheur et de joie, ne peut garder nulle impression pénible. La douleur peut le déchirer un moment, sans pouvoir y prendre racine. Jamais idée affligeante n'a pu longtemps l'occuper. Je l'ai vu, dans les plus grandes calamités de sa malheureuse vie, passer rapidement de la plus profonde affliction à la plus pure joie, et cela sans qu'il restât pour le moment dans son âme aucune trace des douleurs qui venaient de la déchirer, qui l'allaient déchirer encore, et qui constituaient pour lors son état habituel.

Les affections auxquelles il a le plus de pente se distinguent même par des signes physiques. Pour

peu qu'il soit ému, ses yeux se mouillent à l'instant.
Cependant jamais la seule douleur ne lui fit verser
une larme ; mais tout sentiment tendre et doux, ou
grand et noble, dont la vérité passe à son cœur, lui
en arrache infailliblement. Il ne saurait pleurer que
d'attendrissement ou d'admiration ; la tendresse et
la générosité sont les deux cordes sensibles par lesquelles on peut vraiment l'affecter. Il peut voir ses
malheurs d'un œil sec, mais il pleure en pensant à
son innocence et au prix qu'avait mérité son cœur.....

Jean-Jacques est indolent, paresseux, comme
tous les contemplatifs : mais cette paresse n'est que
dans sa tête. Il ne pense qu'avec effort, il se fatigue
à penser, il s'effraie de tout ce qui l'y force, à
quelque faible degré que ce soit, et, s'il faut qu'il
réponde à un bonjour dit avec quelque tournure, il
en sera tourmenté. Cependant il est vif, laborieux à
sa manière. Il ne peut souffrir une oisiveté absolue:
il faut que ses mains, que ses pieds, que ses doigts
agissent, que son corps soit en exercice, et que sa
tête reste en repos. Voilà d'où vient sa passion pour
la promenade ; il y est en mouvement sans être
obligé de penser. Dans la rêverie, on n'est point
actif. Les images se tracent dans le cerveau, s'y com-
binent comme dans le sommeil, sans le concours de
la volonté ; on laisse à tout cela suivre sa marche,
et l'on jouit sans agir. Mais quand on veut arrêter,

fixer les objets, les ordonner, les arranger, c'est
autre chose; on y met du sien. Sitôt que le raisonnement et la réflexion s'en mêlent, la méditation
n'est plus un repos, elle est une action très-pénible;
et voilà la peine qui fait l'effroi de Jean-Jacques, et
dont la seule idée l'accable et le rend paresseux.

Rousseau juge de Jean-Jacques ; Dialogues, 1775, publiés en 1782.

—

Du naturel de Jean-Jacques (suite).

.....Voilà ce qui modifie beaucoup l'opinion que
j'eus longtemps de ma propre vertu, car il n'y en a
point à suivre ses penchants, et à se donner, quand
ils nous y portent, le plaisir de bien faire: mais elle
consiste à les vaincre quand le devoir le commande,
pour faire ce qu'il nous prescrit, et voilà ce que j'ai
su moins faire qu'homme du monde. Né sensible et
bon, portant la pitié jusqu'à la faiblesse, et me sentant exalter l'âme par tout ce qui tient à la générosité, je fus humain, bienfaisant, secourable, par
goût, par passion même, tant qu'on n'intéressa que
mon cœur; j'eusse été le meilleur et le plus clément
des hommes si j'en avais été le plus puissant; et,
pour éteindre en moi tout désir de vengeance, il
m'eût suffi de pouvoir me venger. J'aurais même

été juste sans peine contre mon propre intérêt, mais contre celui des personnes qui m'étaient chères je n'aurais pu me résoudre à l'être. Dès que mon devoir et mon cœur étaient en contradiction, le premier eut rarement la victoire, à moins qu'il ne fallût seulement que m'abstenir: alors j'étais fort le plus souvent; mais agir contre mon penchant me fut toujours impossible. Que ce soient les hommes, le devoir, ou même la nécessité, qui commandent, quand mon cœur se tait, ma volonté reste sourde, et je ne saurais obéir: je vois le mal qui me menace, et je le laisse arriver plutôt que de m'agiter pour le prévenir. Je commence quelquefois avec effort; mais cet effort me lasse et m'épuise bien vite: je ne saurais continuer. En toute chose imaginable, ce que je ne fais pas avec plaisir m'est bientôt impossible à faire.

Il y a plus: la contrainte, d'accord avec mon désir, suffit pour l'anéantir et le changer en répugnance, en aversion même, pour peu qu'elle agisse trop fortement; et voilà ce qui me rend pénible la bonne œuvre qu'on exige, et que je faisais de moi-même lorsqu'on ne l'exigeait pas. Un bienfait purement gratuit est certainement une œuvre que j'aime à faire; mais quand celui qui l'a reçu s'en fait un titre pour en exiger la continuation sous peine de sa haine, quand il me fait une loi d'être à jamais son bienfaiteur, pour avoir d'abord pris plaisir à l'être, dès lors la gêne commence, et le plaisir s'évanouit. Ce que je fais alors quand je cède est faiblesse et mauvaise honte: mais la bonne volonté n'y est plus; et, loin que je m'en applaudisse en moi-même, je me reproche en ma conscience de bien faire à contre-cœur.....

Je suis né le plus confiant des hommes, et, durant quarante ans entiers, jamais cette confiance ne fut trompée une seule fois. Tombé tout d'un coup dans un autre ordre de gens et de choses, j'ai donné dans mille embûches sans jamais en apercevoir aucune; et vingt ans d'expérience ont à peine suffi pour m'éclairer sur mon sort. Une fois convaincu qu'il n'y a que mensonge et fausseté dans les démonstrations grimacières qu'on me prodigue, j'ai passé rapidement à l'autre extrémité; car, quand on est une fois sorti de son naturel, il n'y a plus de bornes qui nous retiennent. Dès lors je me suis dégoûté des hommes, et ma volonté, concourant avec la leur à cet égard, me tient encore plus éloigné d'eux que ne font toutes leurs machines.....

Je n'eus jamais beaucoup de pente à l'amour-propre; mais cette passion factice s'était exaltée en moi dans le monde, et surtout quand je fus auteur: j'en avais peut-être encore moins qu'un autre, mais j'en avais prodigieusement. Les terribles leçons que j'ai reçues l'ont bientôt renfermé dans ses premières bornes : il commença par se révolter contre l'injustice, mais il a fini par la dédaigner ; en se repliant sur mon âme, en coupant les relations extérieures qui le rendent exigeant, en renonçant aux comparaisons, aux préférences, il s'est contenté que je fusse bon pour moi. Alors, redevenant amour de moi-même, il est rentré dans l'ordre de la nature, et m'a délivré du joug de l'opinion.

Dès lors, j'ai retrouvé la paix de l'âme et presque la félicité ; car, dans quelque situation qu'on se trouve, ce n'est que par lui qu'on est constamment malheureux. Quand il se tait et que la raison parle, elle nous console enfin de tous les maux qu'il n'a pas dépendu de nous d'éviter : elle les anéantit même autant qu'ils n'agissent pas immédiatement sur nous ; car on est sûr alors d'éviter leurs plus poignantes atteintes en cessant de s'en occuper. Ils ne sont rien pour celui qui n'y pense pas : les offenses, les vengeances, les passe-droits, les outrages, les injustices, ne sont rien pour celui qui ne voit dans les maux qu'il endure que le mal même et non pas l'intention, pour celui dont la place ne dépend pas dans sa propre estime de celle qu'il plaît aux autres de lui accorder. De quelque façon que les hommes veuillent me voir, ils ne sauraient changer mon être ; et, malgré leur puissance et malgré toutes leurs sourdes intrigues, je continuerai, quoi qu'ils fassent, d'être en dépit d'eux ce que je suis.....

Je n'ai jamais été vraiment propre à la société civile, où tout est gêne, obligation, devoir, et mon naturel indépendant me rendit toujours incapable des assujettissements nécessaires à qui veut vivre avec les hommes. Tant que j'agis librement, je suis bon et je ne fais que du bien; mais sitôt que je sens le joug, soit de la nécessité, soit des hommes, je deviens rebelle ou plutôt rétif; alors je suis nul. Lorsqu'il faut faire le contraire de ma volonté, je ne le fais point, quoi qu'il arrive; je ne fais pas non plus ma volonté même, parce que je suis faible. Je m'abstiens d'agir, car toute ma faiblesse est pour l'action; toute ma force est négative, et tous mes péchés sont d'omission, rarement de commission. Je n'ai jamais cru que la liberté de l'homme consistât à faire ce qu'il veut, mais bien à ne jamais faire ce qu'il ne veut pas, et voilà celle que j'ai toujours réclamée, souvent conservée, et par qui j'ai été le plus en scandale à mes contemporains; car, pour eux, actifs, remuants, ambitieux, détestant la liberté dans les autres et n'en voulant point pour eux-mêmes, pourvu qu'ils fassent quelquefois leur volonté, ou plutôt qu'ils dominent celle d'autrui, ils se gênent toute leur vie à faire ce qui leur répugne, et n'omettent rien de servile pour commander. Leur tort n'a donc pas été de m'écarter de la société comme un membre inutile, mais de m'en proscrire comme un membre pernicieux ; car j'ai très-peu fait de bien, je l'avoue ; mais pour du mal, il n'en est entré dans ma volonté de ma vie, et je doute qu'il y ait aucun homme au monde qui en ait réellement moins fait que moi.

Rêveries du promeneur solitaire, 1777, publiées en 1782.

—

Les oublies.

Un dimanche, nous étions allés, ma femme et moi, dîner à la porte Maillot : après le dîner, nous traversâmes le bois de Boulogne jusqu'à la Muette ; là, nous nous assîmes sur l'herbe à l'ombre, en attendant que le soleil fût baissé, pour nous en retourner ensuite tout doucement par Passy. Une vingtaine de petites filles, conduites par une manière de religieuse, vinrent, les unes s'asseoir, les autres folâtrer assez près de nous. Durant leurs jeux, vint à passer un oublieur avec son tambour et son tourniquet, qui cherchait pratique : je vis que les petites filles convoitaient fort les oublies, et deux ou trois d'entre elles, qui apparemment possédaient quelques liards, demandèrent la permission de jouer. Tandis que la gouvernante hésitait et disputait, j'appelai l'oublieur et je lui dis : « Faites tirer toutes ces demoiselles chacune à son tour, et je vous paierai le tout. » Ce mot répandit dans toute la troupe une joie qui seule eût plus que payé ma bourse, quand je l'aurais toute employée à cela.

Comme je vis qu'elles s'empressaient avec un peu de confusion, avec l'agrément de la gouvernante, je les fis ranger toutes d'un côté, et puis passer de l'autre côté l'une après l'autre, à mesure qu'elles avaient tiré. Quoiqu'il n'y eût point de billet blanc, et qu'il revînt au moins une oublie à chacune de celles qui n'auraient rien, qu'aucune d'elles ne pouvait donc être absolument mécontente, afin de rendre la fête encore plus gaie, je dis en secret à l'oublieur d'user de son adresse ordinaire en sens contraire, en faisant tomber autant de bons lots qu'il pourrait, et que je lui en tiendrais compte. Au moyen de cette prévoyance, il y eut près d'une centaine d'oublies distribuées, quoique les jeunes filles ne tirassent chacune qu'une seule fois; car là-dessus je fus inexorable, ne voulant ni favoriser des abus, ni marquer des préférences qui produiraient des mécontentements. Ma femme insinua à celles qui avaient de bons lots d'en faire part à leurs camarades, au moyen de quoi le partage devint presque égal, et la joie plus générale.

Je priai la religieuse de tirer à son tour, craignant fort qu'elle ne rejetât dédaigneusement mon offre; elle l'accepta de bonne grâce, tira comme les pensionnaires, et prit sans façon ce qui lui revint. Je lui en sus un gré infini, et je trouvai à cela une sorte de politesse qui me plut fort, et qui vaut bien, je crois, celles des simagrées. Pendant toute cette opération, il y eut des disputes qu'on porta devant mon tribunal; et ces petites filles, venant plaider tour à tour leur cause, me donnèrent occasion de remarquer que, quoiqu'il n'y en eût aucune de jolie, la gentillesse de quelques-unes faisait oublier leur laideur.

Nous nous quittâmes enfin très-contents les uns des autres, et cet après-midi fut un de ceux de ma vie dont je me rappelle le souvenir avec le plus de satisfaction. La fête, au reste, ne fut pas ruineuse : pour trente sous qu'il m'en coûta tout au plus, il y eut pour plus de cent écus de contentement; tant il est vrai que le plaisir ne se mesure pas sur la dépense, et que la joie est plus amie des liards que des louis.

Ibidem.

Les petits Savoyards. Les fêtes populaires.

J'étais à la Chevrette au temps de la fête du maître de la maison; toute sa famille s'était réunie pour la célébrer, et tout l'éclat des plaisirs bruyants fut mis en œuvre pour cet effet. Spectacles, festins, feux d'artifice, rien ne fut épargné. L'on n'avait pas le temps de prendre haleine, et l'on s'étourdissait au lieu de s'amuser. Après le dîner, on alla prendre l'air dans l'avenue, où se tenait une espèce de foire. On dansait; les messieurs daignèrent danser avec les paysannes, mais les dames gardèrent leur dignité. On vendait là des pains d'épice. Un jeune homme de la compagnie s'avisa d'en acheter, pour les lancer l'un après l'autre au milieu de la foule, et l'on prit tant de plaisir à voir tous ces manants se précipiter, se battre, se renverser pour en avoir, que tout le monde voulut se donner le même plaisir: et pains d'épice de voler à droite et à gauche, et filles et garçons de courir, de s'entasser et s'estropier. Cela paraissait charmant à tout le monde. Je fis comme les autres par mauvaise honte, quoique en dedans je ne m'amusasse pas autant qu'eux. Mais bientôt, ennuyé de vider ma bourse pour faire écraser les gens, je laissai là la bonne compagnie, et je fus me promener seul dans la foire. La variété des objets m'amusa longtemps. J'aperçus, entre autres, cinq ou six Savoyards autour d'une petite fille qui avait encore sur son éventaire une douzaine de chétives pommes, dont elle aurait bien voulu se débarrasser. Les Savoyards, de leur côté, auraient bien voulu l'en débarrasser, mais ils n'avaient que deux ou trois liards à eux tous, et ce n'était pas de quoi faire une grande brèche aux pommes. Cet éventaire était pour eux le jardin des Hespérides, et la petite fille était le dragon qui les gardait. Cette comédie m'amusa longtemps; j'en fis enfin le dénoûment en payant les pommes à la petite fille, et les lui faisant distribuer aux petits garçons. J'eus alors un des plus doux spectacles qui puissent flatter un cœur d'homme, celui de voir la joie unie avec l'innocence de l'âge se répandre tout autour de moi. Car les spectateurs mêmes, en la voyant, la partagèrent; et moi, qui partageais à si bon marché cette joie, j'avais de plus celle de sentir qu'elle était mon ouvrage.

En comparant cet amusement avec ceux que je venais de quitter, je sentais avec satisfaction la différence qu'il y a des goûts sains et des plaisirs naturels à ceux que fait naître l'opulence, et qui ne sont guère que des plaisirs de moquerie, et des goûts exclusifs engendrés par le mépris. Car quelle sorte de plaisir pouvait-on prendre à voir des troupeaux d'hommes avilis par la misère s'entasser, s'estropier brutalement, pour s'arracher avidement quelques morceaux de pains d'épice foulés aux pieds et couverts de boue?

*

De mon côté, quand j'ai bien réfléchi sur l'espèce de volupté que je goûtais dans ces sortes d'occasions, j'ai trouvé qu'elle consistait moins dans un sentiment de bienfaisance que dans le plaisir de voir des visages contents. Cet aspect a pour moi un charme qui, bien qu'il pénètre jusqu'à mon cœur, semble être uniquement de sensation. Si je ne vois la satisfaction que je cause, quand même j'en serais sûr, je n'en jouirais qu'à demi. C'est même pour moi un plaisir désintéressé, qui ne dépend pas de la part que j'y puis avoir. Car, dans les fêtes du peuple, celui de voir des visages gais m'a toujours vivement attiré. Cette attente a pourtant été souvent frustrée en France, où cette nation, qui se prétend si gaie, montre peu cette gaieté dans ses jeux. Souvent j'allais jadis aux guinguettes, pour y voir danser le menu peuple; mais ses danses étaient si maussades, son maintien si dolent, si gauche, que j'en sortais plutôt contristé que réjoui. Mais à Genève et en Suisse, où le rire ne s'évapore pas sans cesse en folles malignités, tout respire le contentement et la gaieté dans les fêtes. La misère n'y porte point son hideux aspect. Le faste n'y montre pas non plus son insolence. Le bien-être, la fraternité, la concorde, y disposent les cœurs à s'épanouir, et souvent, dans les transports d'une innocente joie, les inconnus s’accostent, s’embrassent, et s’invitent à jouir de concert des plaisirs du jour.

Ibidem.

—

Triomphe du christianisme.

Frappé de tout ce qu’il venait de voir, le visionnaire réfléchissait profondément sur ces terribles scènes, quand tout à coup une voix se fit entendre dans les airs, prononçant distinctement ces mots : « C’est ici le Fils de l’Homme ; les cieux se taisent devant lui ; terre, écoutez sa voix. » Alors, levant les yeux, il aperçut sur l’autel un personnage dont l’aspect imposant et doux le frappa d’étonnement et de respect : son vêtement était populaire et semblable à celui d’un artisan, mais son regard était céleste ; son maintien modeste, grave et moins apprêté que celui même de son prédécesseur, avait je ne sais quoi de sublime où la simplicité s’alliait à la grandeur, et l’on ne pouvait l’envisager sans se sentir pénétré d’une émotion vive et délicieuse qui n’avait sa source dans aucun sentiment connu des hommes. « O mes enfants, dit-il d’un ton de tendresse qui pénétrait l’âme, je viens expier et guérir vos erreurs; aimez Celui qui vous aime, et connaissez *Celui qui est.* » A l'instant, saisissant la statue, il la renversa sans effort, et montant sur le piédestal avec aussi peu d'agitation, il semblait prendre sa place, plutôt qu'usurper celle d'autrui. Son air, son ton, son geste causaient dans l'assemblée une extraordinaire fermentation ; le peuple en fut saisi jusqu'à l'enthousiasme..... Après le témoignage de force et d'intrépidité qu'il venait de donner, il reprit son discours avec la même douceur qu'auparavant; il peignit l'amour des hommes et toutes les vertus avec des traits si touchants et des couleurs si aimables que, hors les officiers du temple, ennemis par état de toute humanité, nul ne l'écoutait sans être attendri et sans aimer mieux ses devoirs et le bonheur d'autrui. Son parler était simple et doux, et pourtant profond et sublime; sans étonner l'oreille, il nourrissait l'âme : c'était du lait pour les enfants et du pain pour les hommes. Lui ployait le fort et consolait le faible, et les génies les moins proportionnés entre eux le trouvaient tous également à leur portée ; il ne haranguait point d'un ton pompeux, mais ses discours familiers brillaient de la plus ravissante éloquence, et ses instructions étaient des apologues, des entretiens pleins de justesse et de profondeur. Rien ne l'embarrassait; les questions les plus captieuses avaient à l'instant des solutions

dictées par la sagesse ; il ne fallait que l'entendre
une fois pour être persuadé : on sentait que le langage de la vérité ne lui coûtait rien, parce qu'il en
avait la source en lui-même.

Allégorie sur la révélation, 1777 ? (Streckeisen-Moultou.)

A[illegible]
N[illegible]
J[illegible]
Fi[illegible]
Re[illegible]
Se[illegible]
Le[illegible]
Pr[illegible]
Im[illegible]
De[illegible]
Re[illegible]
Fu[illegible]
Sa[illegible]
L[illegible]
Ve[illegible]

TABLE

Lettres et Œuvres diverses.

Nouvelle Héloïse.

Lettres et Œuvres diverses.